Garífuna Legado Soñadora

Labuga- Livingston

Lucia Cayetano-Guity

Dedicación

Dedico este libro a la memoria de mi padre, el Sr. Inocente Cayetano, quien falleció a los 71 años. Y a mi madre, la Sra. Froilana Sandoval de Cayetano. Mi recuerdo de ella es su hermosa sonrisa. Ella falleció a los 82 años. Por su amor incondicional hacia mí y su protección al criarme hasta la edad de 27 años, cuando mi padre tuvo el honor de acompañarme por el pasillo en la iglesia de San Martín de Porres, sintiéndose orgulloso. También dedico este libro a mi difunto esposo, con quien estuve casada 36 años, Edward Edgar Guity, también conocido como Juni Guity Vargas, por su devoción a nuestro amor y matrimonio y por ser un padre ejemplar. Él es mi amor eterno.

Quiero expresar mi gratitud a mi único hijo, Edward A. Guity Jr., un veterano de la Marina. Su servicio a los Estados Unidos de América es un ejemplo de lealtad y valentía. Le agradezco por su servicio. Soy una madre muy orgullosa. Gracias por hacerme una mamá de la Marina. Que Dios te bendiga.

Extiendo mi dedicación a mis seguidores, el Sr. Roy Cayetano y el Sr. Rubén C. Guity. Han sido la voz de la razón para mí cuando necesitaba hablar con alguien. Gracias por su orientación.

Tabla de Contenido

Prefacio

En el mosaico de la vida, cada pieza está impregnada de historias de viajes, luchas y triunfos. Mi historia es un elemento vibrante en el rico mosaico de la cultura garífuna—una narrativa que abarca continentes, culturas y generaciones. Comienza en los paisajes de Livingston, un pequeño pueblo costero en Guatemala, donde nací y donde el mar Caribe se encuentra con las aguas esmeralda del río Dulce.

Como la hija menor de una familia profundamente arraigada en las tradiciones garífunas, crecí en un mundo donde la migración era un patrón de supervivencia generacional, un eco de nuestro exilio ancestral de la isla de San Vicente en las Antillas Mayores. El ritmo del mar moldeó mis primeros años, los sabores de dulces americanos se mezclaban con nuestros sabores locales, y la calidez de una comunidad donde todos eran, de alguna manera, familia. Este entorno—sumergido en los principios y valores transmitidos a través de generaciones—formó no solo cómo veía el mundo, sino también cómo me movía en él.

Nuestros viajes nos llevaron más allá de los paseos en ferry entre Puerto Barrios y Livingston. Cuando mi padre se jubiló de la American Fruit Company, nos mudamos a Estados Unidos. Como niña, no tenía voz en esta migración. Fue otro capítulo en la narrativa de movimiento y adaptación de nuestra familia, reflejando las migraciones que definieron las vidas de mis antepasados. En América, mi camino me llevó a buscar educación superior y una carrera que me permitió escribir extensamente, creando evaluaciones psicosociales que requerían empatía, comprensión y la habilidad de conectar con otros a través de las diferencias—una habilidad sin duda perfeccionada por mi crianza.

Este libro es más que un recuerdo de memorias; es una invitación a viajar conmigo a través de los paisajes de mi vida, tanto geográficos como emocionales. Es una reflexión sobre cómo los valores y principios de la cultura garífuna me

2

han guiado para manejar las complejidades de la vida moderna y cómo estas estrellas guías me han ayudado a equilibrar los mundos que habito, sirviendo como faros en mi vida.

Como mujer garífuna retirada, la escritura se ha convertido en mi puente entre el pasado y el futuro. Espero que estas páginas inspiren a otros, ofreciendo perspectivas sobre la importancia de mantener la identidad cultural mientras se abrazan los cambios que la vida inevitablemente trae. Al compartir mi historia, busco contribuir a la memoria colectiva de mi gente y enriquecer la comprensión de todos aquellos que ingresan al mundo garífuna.

Este no es solo mi viaje; es un testimonio del espíritu perdurable de un pueblo que ha navegado a través de la adversidad con resiliencia y gracia. Bienvenidos a la historia de mi vida—una narrativa forjada en las llamas de la experiencia y enfriada en las aguas de la reflexión.

Capítulo 1: Garífuna

Situada a orillas de la vibrante costa caribeña, donde las exuberantes selvas tropicales de América Central confluyen con las vastas aguas azules, se encuentra la conmovedora ciudad de Livingston. Esta ubicación estratégica ha hecho de Livingston una importante ciudad portuaria, rebosante de barcos mercantes. Conocida como La Buga por los garífunas, es un lugar donde se mezclan diferentes culturas, reflejando la resistencia y el espíritu de una comunidad que ha prosperado a pesar de todos los desafíos.

La ciudad debe su nombre a Edward Livingston, un legislador norteamericano conocido por su labor en el sistema penal. Esta conexión fue detallada por Tito Basi en su libro «Livingston para siempre», donde describe cómo el país guatemalteco adoptó el nombre durante la época de Livingston como jefe político de Izabal.

A lo largo de su historia, Livingston ha sido un centro neurálgico para el comercio, con barcos que llegaban para cargarse de productos locales como cocos, piñas, plátanos y café de las tierras altas de Altaverapaz. Estas mercancías se embarcaban después hacia los mercados de Estados Unidos y Europa. Hoy en día, el puerto sigue activo, aunque ahora también se ocupa de materiales industriales y turistas.

La historia de Livingston está profundamente ligada a su fundador, Marcos Sánchez Díaz, a quien la gente de este pueblo honra como fundador y protector de su tierra. Como señala Alfonso Arrillaga Cortez en su libro «Marcos Sánchez

Díaz», Marcos desempeñó un papel crucial en el establecimiento de la comunidad mediante la roturación de tierras y la configuración de aldeas. Familias como los Castillo, los Ávila, los Cayetano, los Sambula, los Palacios y los Martínez, como se menciona en el libro, se consideran fundacionales para la comunidad garífuna.

Marcos Sánchez Díaz no era sólo un líder comunitario; se le consideraba un huayba, un jefe o príncipe indígena durante la época colonial española. Con compasión, ayudó a los garífunas, desplazados de San Vicente, a encontrar un nuevo hogar en Roatán, una isla frente a Honduras continental que estaba ocupada por los españoles. Sin embargo, la isla era demasiado pequeña para albergarlos, lo que llevó a Marcos a guiar a los caribes negros a otras zonas costeras del Caribe adecuadas para sus nuevos asentamientos.

Livingston es un animado centro donde las antiguas tradiciones se mantienen vivas al margen de las influencias del mundo moderno. Los garífunas, un pueblo afroindígena, remontan sus orígenes a principios del siglo XVII en la isla

Garífuna

de San Vicente. La mezcla de africanos que escaparon de dos barcos españoles naufragados y las poblaciones locales caribes y arawak dio origen a una cultura única, que se resistió ferozmente a la colonización europea.

Sin embargo, a finales del siglo XVIII, tras continuos conflictos y la muerte de su líder, Joseph Satuyer, los británicos exiliaron a los garífunas a Roatán, una isla frente a la costa de Honduras. Desde allí, se extendieron por las costas de Belice, Guatemala, Nicaragua y Honduras. Joseph Chatoyer fue su primer jefe, que también fue un feroz defensor y un hábil negociador durante los turbulentos tiempos de la década de 1760 y posteriores. Cuando franceses y británicos se disputaban el control, con los británicos ansiosos por apoderarse de las fértiles tierras que habían habitado los caribes negros, fue Chatoyer quien se mantuvo firme. Dirigió a su pueblo a través de muchas batallas y, en 1773, sus esfuerzos dieron como resultado un acuerdo de paz con los británicos, marcando claramente las tierras en las que su pueblo podía vivir con seguridad.

Sin embargo, la paz duró poco. En 1795, las tensiones volvieron a aumentar y Chatoyer lideró una rebelión contra la invasión británica. A pesar de los éxitos iniciales, los británicos, al mando del general Ralph Abercromby, acabaron por doblegar a los caribes. Las secuelas fueron nefastas: en 1796, más de 5.000 de los suyos fueron deportados a Roatán, una isla frente a Honduras. Trágicamente, sólo unos 2.500 sobrevivieron al duro viaje. Los que consiguieron establecer una vida se extendieron por Centroamérica, evolucionando hasta convertirse en lo que ahora llaman con orgullo los garífunas.

Livingston, la ciudad cultural de Guatemala, representa uno de estos asentamientos significativos. Esta ciudad, a la que sólo se puede acceder en barco, sirve no sólo como ubicación geográfica sino como corazón espiritual de los garífunas. Es aquí donde el Río Dulce, conocido por sus brillantes aguas verdes y sus cálidos manantiales, desagua en el Mar Caribe, creando un vívido símbolo del viaje garífuna, fluyendo persistente y resistente hacia aguas abiertas.

Garífuna

La cultura garífuna demuestra claramente su espíritu perseverante y su historia de superación. La cultura es un vibrante escaparate de tradiciones únicas que abarcan la música, la danza y las prácticas culinarias, que han sido artísticamente representadas en las obras de autores garífunas como una duquesa garífuna en sus memorias «Viaje espiritual» y Tito Basi en «Livingston para siempre.»

La punta es una famosa tradición del pueblo garífuna, una música de ritmo rápido tocada con tambores. La gente baila de forma sensual al ritmo de esta música, una forma divertida para los garífunas de recordar su historia y celebrar sus fuertes espíritus. Estos sonidos rítmicos conectan a los garífunas con sus antepasados y muestran cómo su cultura ha sobrevivido a lo largo del tiempo.

Los garífunas tienen una forma especial de hablar, como una mezcla de diferentes lenguas. Sus palabras proceden del arawakan (como hablaban sus antepasados), del caribe (de la gente que conocieron en su viaje) y del dialecto africano del oeste de África, añadiendo una capa de vocabulario que refleja sus experiencias compartidas, del francés (de los colonos) e incluso del inglés, un testimonio de la naturaleza siempre evolutiva del lenguaje. Esta mezcla única es algo más que palabras; es una prueba de su espíritu imperecedero y un vibrante recordatorio de su historia. Su compromiso inquebrantable de preservar su identidad única brilla en cada palabra que pronuncian.

Cuando conocí a la Sra. Salomé Cayetano, una anciana de Dangriga, Belice, me dijo algo que nunca olvidaré. Me dijo: «Usted es uno de los nuestros. Todos los Cayetanos de por aquí somos familia». Los garífunas, me explicó, siempre se asientan donde los ríos desembocan en el mar. Esto les ayuda a prosperar. Las mujeres cultivan sus alimentos como ñames, mandioca, plátanos y okra río arriba, en las tierras altas. Los hombres salían a pescar al mar. Regresaban con toneladas de mariscos. Los aldeanos les dieron la bienvenida y todos recibieron su parte para alimentar a sus familias.

Las festividades desempeñan un papel crucial en la cultura garífuna, siendo la celebración anual del Día del Asentamiento Garífuna, el 19 de noviembre, un acontecimiento fundamental. Este día honra su llegada a Centroamérica con desfiles, música en vivo, bailes y comidas tradicionales como el hudut, que es un sabroso guiso de pescado y coco sazonado con ajo, albahaca, cebolla y pimientos. También está la alabundiga, hecha con plátanos verdes rallados cocidos suavemente en leche de coco para que mantengan su forma, y a veces se le añade pescado. ¡Les recuerda la comida tanto de la tierra como del océano!

La comida garífuna es otra gran parte de su cultura, ofreciendo un delicioso viaje a través de su historia y sus adopciones de diferentes etnias. Platos como el pan de mandioca, esencial en la dieta garífuna, conectan con las raíces indígenas de los arawak y los caribes. La yuca es tóxica si no se la trata, pero los garífunas idearon una forma especial de convertirla en una delicia y un pan saciante. Se somete a una laboriosa transformación en un pan nutritivo y versátil, que simboliza la habilidad de los garífunas para adaptarse y prosperar en condiciones adversas. La elaboración del pan de yuca es un evento social, especialmente para las mujeres. Las abuelas enseñan a las chicas más jóvenes a elaborarlo, compartiendo no sólo habilidades culinarias sino también historias sobre su tradición. Así, ¡cada bocado de este pan es como una muestra de la historia y la cultura garífuna!

El arroz con frijoles es otra especialidad garífuna. Se elabora con leche de coco, arroz y judías pintas rojas, se sirve con pescado o carne frita y a menudo se disfruta como almuerzo dominical. Al crecer, todo el mundo en el pueblo tenía arrozales y árboles de pan. Si no tenías árbol de pan, simplemente se lo pedías a un vecino.

El uso de mariscos y coco en la cocina garífuna no solamente pone de manifiesto su conexión con el mar, sino que también muestra la mezcla de recursos naturales de su entorno en su sustento diario. El pescado, la concha y las gambas preparados con leche de coco y especias reflejan una paleta tan diversa como el propio pueblo garífuna.

Los valores garífunas están profundamente arraigados en la comunidad. Su espiritualidad está profundamente arraigada en su historia con la Iglesia católica, introducida por los jesuitas y otros misioneros. Sin embargo, está mezclada con sus creencias y prácticas únicas que honran a sus antepasados y al ser supremo, conocido como Bungiu o Sunti Gabafu (Todopoderoso). El líder espiritual de sus comunidades, conocido como el Buyei, guía todas sus prácticas tradicionales, asegurándose de que mantienen una profunda conexión con su pasado y el mundo espiritual.

Una de sus prácticas más profundas es la ceremonia Dugu, un acontecimiento místico que sana y restablece el equilibrio dentro de su comunidad. Es un momento en el que se reúnen para honrar sus obligaciones con los espíritus de sus antepasados a través de la comida, la oración y el canto, lo que les ayuda a garantizar su apoyo y guía en su vida diaria. Esta relación compartida con sus antepasados es fundamental para su modo de vida, ya que influye en todo, desde su salud hasta las decisiones de la comunidad.

También sienten un profundo respeto por la naturaleza y creen que sus antepasados siempre están velando por ellos. Su espiritualidad es una mezcla de creencias animistas africanas, tradiciones caribes y arawak y elementos cristianos, ejemplificados en la ceremonia dugu. Si descuidan estos deberes espirituales, los antepasados les hacen saber sus necesidades a través de los sueños, incitándoles a organizar un Dugu. Este ritual sirve para sanar y restablecer el equilibrio dentro de la comunidad mediante ofrendas, tambores y danzas, invocando la guía de los antepasados para resolver conflictos o enfermedades comunitarias. Es su forma de recuperar el equilibrio y mantenerse fuertes como comunidad.

En Livingston, la vida cotidiana de un garífuna va más allá de la mera supervivencia. Es una celebración continua de su herencia, una reclamación continua de su identidad en el mundo moderno. Imagine una gigantesca reunión familiar que nunca termina; ésa es la esencia de Livingston. Aquí, el corazón de la comunidad late en el gulisi, un espacio especial al aire libre que sirve de ayuntamiento, centro social y, a veces, incluso de pista de baile. Bajo la sombra de unas palmeras que se mecen, se reúnen aldeanos de todas las edades. Aquí se toman decisiones, se comparten historias y se resuelven disputas. Los ancianos desempeñan un papel crucial, no sólo como guardianes de la sabiduría sino como participantes activos en el gobierno y el bienestar social de su comunidad. Se aseguran de que las tradiciones y las lecciones del pasado no se pierdan, sino que se entrelacen en la narrativa evolutiva de la comunidad.

Las tardes en Livingston son un festín sensorial. Al ponerse el sol, el aire se llena del rítmico latido de los tambores de los gulisi. Los hombres jóvenes exhiben su pericia en círculos de tambores, el pulso de la música hace resonar el latido del corazón de la comunidad. Mujeres engalanadas con telas de colores brillantes se contonean grácilmente al ritmo de la música. El aroma del pescado recién asado flota desde las cocinas al aire libre, mezclándose con el olor a humo de leña de los fogones. Compartiendo historias, risas y una deliciosa comida bajo el cielo estrellado: pura alegría.

La educación y la transmisión de conocimientos se producen en entornos informales, donde los ancianos enseñan a los jóvenes sus deberes y derechos a través de historias y tareas cotidianas. Este método de aprendizaje ayuda a preservar la lengua y las prácticas culturales garífunas en un mundo en el que la educación formal suele dar prioridad a los métodos y lenguas occidentales. Es a través de estas interacciones comunitarias como los niños garífunas aprenden la importancia de su identidad cultural y ayudan a conservar su esencia.

Como hija menor de un guardián garífuna que pasó de vigilar los barcos repletos de fruta en el mar a pintar barcos y finalmente abrir una tienda en Puerto Barrios, he vivido la transformación de nuestra comunidad. Desde mis primeros días en el Barrio Barrique, donde la élite de nuestro pueblo estableció sus hogares, hasta las bulliciosas y polvorientas carreteras de Puerto Barrios y, finalmente, hasta los diversos paisajes de Estados Unidos, he llevado conmigo las lecciones de mi pueblo: su tenacidad, su alegría y su incomparable habilidad para adaptarse y prosperar.

El relato de mi vida, expuesto en estas páginas, es tanto un homenaje al pasado como una guía para el futuro. La saga de mi vida, que comenzó en 1980...

Capítulo 2: Los Primeros Días Hasta La Partida

Nunca antes había sentido una canción tan cercana al recuerdo de mi llegada a este mundo, a mi hermoso pueblo. Una canción especial llamada «Las Mañanitas», que se suele cantar para celebrar los cumpleaños. Dice así

*El día en que tu naciste

Nacieron todas las flores

Ya los pajarillos cantan.

Despierta mi bien despierta

La Luna ya se metió.*

Esta canción ha vivido en mi mente durante años cada vez que rememoro mis preciosos recuerdos para atesorar el tiempo que pasé en Livingston. Me recuerda mis propios comienzos.

Nací un martes a las 4:30 de la madrugada, el 25 de junio de 1956. Era un hermoso día en mi pequeña aldea de Barrio Barrique en Labuga Livingston, Guatemala. El mar Caribe enviaba una brisa fresca esa mañana, haciendo que todo pareciera tranquilo. Mi valiente madre, Froilana, y mi padre, Inocente Cayetano, estaban allí, junto con mis seis hermanos y la comadrona del pueblo, la Dula. Todos ellos me dieron la bienvenida al mundo a mí, el séptimo hijo. Dicen que el siete es el número de Dios; quizá por eso siempre me he sentido afortunada.

Crecer en Barrio Barrique fue como vivir en un paraíso tropical. Aprecio profundamente esos recuerdos. Todo el pueblo lo celebró cuando llegué, pero según las tradiciones garífunas, nadie ajeno a la familia inmediata pudo verme hasta que cumplí tres meses. Durante ese tiempo, mi madre estuvo al cuidado de sus primos y de mis hermanos mayores. La recuerdo contándome historias sobre mis días de bebé. La comadrona siempre estaba allí, ayudando a bañarme con hierbas sagradas y manzanilla. Cada parte de mí era cuidada con ternura, incluso mi boquita, que era limpiada con miel, y todo mi cuerpecito era masajeado con aceite de almendras. Me ataron un cordón rojo en la muñeca derecha para repeler las energías negativas. Al principio, me amamantaron hasta los dos meses y medio. A partir de entonces, me alimentaron con papilla de mandioca clara para nutrir mi cuerpo en crecimiento.

Cuando cumplí tres meses, me vistieron con un precioso vestido blanco y me llevaron a la única iglesia de la ciudad, Nuestra Señora del Sagrado Corazón. Fue un gran acontecimiento, con la familia y los aldeanos llenando la iglesia, cantando y orando por mí. Fue entonces cuando mi padre me puso Lucía, que significa luz, pero siempre me llamó Clara Luz, que significa luz clara. Me encanta ese nombre; siento que realmente encaja con lo que soy, llevar luz a la oscuridad o un faro de luz.

Mis primeros recuerdos empiezan más o menos cuando tenía cuatro o cinco años, pero son un poco borrosos. Al ser la hija menor, todo el mundo me llamaba a menudo «la más pequeña», y mi padre me llamaba cariñosamente Clara Luz. Pasaba mucho tiempo simplemente viendo pasar la vida, jugando en silencio yo sola junto a nuestro viejo perro, Motico, que era demasiado viejo para ver o correr. Alguien lo adoptó de cachorro. Se convirtió en mi perro de compañía. Todo lo que tenía que hacer era acariciarlo y sentirme triste por él. Hacía platos de barro y fingía cocinar al lado de la casa, sintiéndome invisible y un poco sola ya que mis hermanos mayores no jugaban conmigo porque nadie quería molestarse con un hermano pequeño. No había muchos niños de mi edad con los que jugar, así que estaba sola.

Un día, me encontré en un jardín de infancia no muy lejos de nuestra casa. No recuerdo haber hablado de este asunto. Era tímida y me sentía fuera de lugar, pero disfrutaba dibujando y cantando canciones sobre pollitos. Era mi primer paso hacia un mundo más grande, donde podría conocer a otros niños y aprender cosas nuevas. Mi introducción a la socialización y a la competición. La sensación era abrumadora para mí como niña pequeña, pero a la vez emocionante, ya que disfrutaba cantando y saltando como un conejito con los otros niños.

Los Primeros Días Hasta La Partida

La vida en Livingston era sencilla; no teníamos televisores, cines, ni patios de recreo. Nuestro patio de recreo era la bahía, la arena y el mar. Recogíamos conchas, nadábamos entre las algas y más tarde nos sentábamos en una canoa bajo un cocotero, disfrutando de la brisa. Todos los días estaban llenos de pequeñas aventuras como éstas.

Parte de mi proceso de culturización respecto a la cultura garífuna consistió en pasar mucho tiempo con los ancianos. Recuerdo ir al Arabu, nuestra granja familiar, con mi tía, Tía Wawa. Caminábamos por la orilla, cruzando arroyos que desembocaban en el mar, recogiendo uvas de mar y mangos por el camino y devorándolos. El recuerdo de sus hojas redondas mirando magnéticamente al mar es inolvidable. La granja era para mí un lugar mágico, lleno de ñames, mandioca y arroz. La tía Wawa me contaba historias sobre nuestros antepasados y me enseñaba las plantas y los animales que encontrábamos. Ella desempeñó un papel importante en mi infancia, mostrándome la belleza de nuestra tierra y la riqueza de nuestro patrimonio.

Mi imaginación crecía con los pequeños detalles que

observaba mientras seguíamos caminando bajo el sol. Saltaba y brincaba sobre otro arroyo, donde el agua parecía rojiza u oxidada. También me fijé a lo lejos en un pequeño cocodrilo; también conocidos como calimanes o caimanes. Éste sólo medía medio metro, así que no me asustó mucho; sólo sentía curiosidad.

Los Primeros Días Hasta La Partida

Mientras paseábamos, esta aventura se avivó aún más cuando nos acercamos a la vegetación de manglares en una zona llamada Queweche. La tía me indicó que me adentrara en el mar durante la marea baja para que pudiéramos caminar sobre la arena que quedaba a la vista, evitando las partes profundas del río. Mientras cruzábamos, me fijé en las raíces de los manglares que se aferraban al fondo del agua y en los cangrejos azules redondos que se arrastraban sobre sus raíces. La casa de campo de mi tía, nuestro alojamiento en la granja, se levanta a cien metros del río. Era un sencillo alojamiento utilizado durante las estancias en la granja, equipado con una estufa de madera, vajilla, ollas, sartenes y hamacas atadas de una esquina a otra. El albergue, hecho de madera local y hojas de palmera por techo, era fresco y algo oscuro, proporcionando una buena sombra del sol.

La tía lavaba los salmonetes que recogíamos en la orilla del mar, junto con las almejas que desenterrábamos, los cangrejos y las pequeñas almejas de colores llamadas suwindiri que encontrábamos enterradas en la arena. Lo enjuagaba todo y preparaba una sopa deliciosa llamada tapow, una mezcla de marisco y verduras como ñame y mandioca, aromatizada con albahaca que cultivaba alrededor de su cabaña. Saboreé cada bocado.

Después de la comida, descansamos porque al día siguiente subiríamos a la granja. Nos tumbamos en las hamacas y ella me contaba historias sobre cómo llegamos a Labuga Livingston y de dónde veníamos: un lugar lejano llamado Yurumen, o San Vicente. «Somos arawak», decía. Tía Wawa tuvo un impacto significativo en mi infancia. Aunque no era mi madre, pasaba tiempo de calidad conmigo. Hay un dicho africano que dice que se necesita una aldea para criar a un niño. Su voz suave, su sonrisa cariñosa y su naturaleza cariñosa eran un ejemplo del espíritu del pueblo indígena arawak.

Por la mañana, me despertaron los rayos del sol. Salté de la hamaca y caminé unos metros hacia la orilla del mar que brillaba por el resplandor del sol. El agua del mar era poco profunda y cristalina, y refrescantemente deliciosa. Perseguí a los diminutos cangrejos de mar mientras se escondían juguetones en la arena. Este recuerdo permanece vívido en mi mente.

Cuando regresé al refugio, me refresqué con agua de lluvia fría de un barril que había en el exterior. Podía oír el sonido de las palomas y los monos aullando desde el árbol de mango. La tía había calentado agua para el té de hierba limón, la había endulzado y me había dado un trozo de pan de coco aplastado que tenía guardado en sus fardos. Aunque ya estaba llena de comer mangos, no rechacé su desayuno. «Vamos Arabu al campo porque tengo trabajo que hacer», me dijo.

Caminamos cuesta arriba, dejando atrás la orilla del mar. Los rayos del sol eran opresivos en un día caluroso y húmedo. Cuando llegamos al campo, la tía estaba a un lado desenterrando tubérculos, ñames y yuca. Me di cuenta de que cortaba la rama de la planta de yuca en cuatro trozos y la volvía a plantar simplemente bastonándola en la tierra. Deambulé de un lado a otro entregándole los bastones. Cuando me alejé de ella, me fijé en una serpiente de vibrantes colores rojo, blanco y negro. Como tenía seis años, me limité a admirarla mientras se alejaba arrastrándose. Era mi primera experiencia viendo una serpiente y no sentí ningún miedo.

Más tarde, cuando llegamos de vuelta al albergue, mi tía me explicó que lo que habíamos visto era una serpiente venenosa peligrosa que podía causar la muerte y me dijo que nunca las persiguiera. Este recuerdo me produce escalofríos: el miedo, un nuevo descubrimiento después de oír a la tía.

Mi experiencia con la tía Wawa fue una escapada que siempre apreciaré. La garantía que compartimos fue indeleble. A la mañana siguiente, después de pasar un fin de semana con mi querida tía Wawa, volvimos a recorrer los tres kilómetros que nos separaban del pueblo.

La vida entre los seis y los siete años en Labuga era una exploración para una niña curiosa como yo. Nuestra casa encaramada en lo alto de la colina del pueblo ofrecía una vista panorámica. Dos minutos colina abajo estaba la bahía, bulliciosa de actividad la mayor parte del tiempo. Las otras casas diseminadas cerca eran en su mayoría las de tías y primos. Una tía tenía tres hijos albinos: Omar, Gringa y Arturo. Su abuelo, mi tío, también era albino, y formaban parte de mi pueblo, lo que garantizaba un ambiente animado. Las mañanas empezaban con el canto del gallo, seguido del murmullo de las conversaciones de los vecinos. La privacidad era escasa: si alguien estaba enfermo, todo el pueblo lo sabía y acudía a ofrecerle remedios curativos o apoyo.

La comunidad se extendía colina abajo, manando agua de manantial y de la bahía. Las mujeres se reunían allí para bañarse y recolectar agua. A veces, se congregaban cerca de la bahía para limpiar y salar pescado y gambas, que luego ponían a secar bajo el implacable sol. Era un proceso habitual y formaba parte de mi temprana aculturación. Ser testigo de cómo estas mujeres de carácter fuerte descuartizaban tiburones gigantes de piel grisácea me enseñó los valores de la autosuficiencia y la eficacia. La hermana de mi padre vivía en el nivel inferior de la colina. Era una mujer tranquila pero llena de muchos conocimientos y poder en cuanto a la propiedad de la tierra.

Mi única amiga de la infancia, Maryelena, y yo jugábamos a su alrededor, riendo y cotilleando como hacen las chicas. Teníamos un vínculo especial forjado a base de compartir secretos y aventuras. Un recuerdo que atesorábamos era el majestuoso árbol Papagallo junto a la bahía. Sus vibrantes flores rojas, parecidas a pequeños gallos, caían y las recolectábamos con avidez, saboreando su dulce néctar. Mientras las mujeres estaban ocupadas, Maryelena y yo nos escabullíamos al fresco abrazo del mar. Una vez, me arañó una rama sumergida, un secreto que sólo le confié a ella.

Nuestros días estaban llenos de instrucción religiosa. Dos veces por semana, Maryelena y yo, asignadas por nuestros padres, recorríamos los estrechos senderos entre la vegetación tropical hasta el pueblo vecino de San José para asistir a las clases de catecismo. La matriarca que nos enseñaba parecía amable y gentil. Aprender nuestras oraciones fue una experiencia divertida para nosotros. Nos graduamos de estas clases, marcadas por un convite vespertino en la iglesia parroquial del Sagrado Corazón.

Los Primeros Días Hasta La Partida

Reunidos alrededor de una larga mesa de caoba, todos los niños fueron recibidos por el sacerdote que habló sobre la Primera Comunión. Nos esperaba chocolate caliente, tamales y panecillos: una experiencia verdaderamente memorable.

Sin embargo, mis recuerdos de la ceremonia real de la Primera Comunión son borrosos. Lo único que tengo es una foto mía en el altar, adornada con un precioso vestido blanco, una corona de flores y guantes blancos. Esta imagen se mantiene como mi única fotografía de la infancia.

Alrededor de esta edad, con seis o siete años, fui elegida para ser chica de las flores en la boda de unos prominentes aldeanos, Tina y Fafa. Lo único que recuerdo del acontecimiento es el dolor punzante que me infligió la peluquera en las orejas. Es curioso cómo los niños tienden a olvidar ciertos acontecimientos, incluso los significativos. Sin embargo, sentí un sentimiento de orgullo por haber sido incluida en tales celebraciones.

No era muy entretenido ser la más joven en medio de una casa llena de adultos. Mientras mis hermanos mayores se reunían y conversaban con los vecinos, yo vagaba por la casa de cuatro dormitorios. Mi lugar favorito era la habitación de mi hermano Julián, que tenía una ventana con vistas a la pintoresca bahía con palmeras y el Papagayo a lo lejos. Estaba fuera estudiando en Belice, un lugar que yo sólo conocía a través de él. Rebuscaba en su caja de herramientas y ponía sus discos, regalos sobrantes del tío Tony, que dirigía una escuela de inglés en Livingston. Los discos repetían frases sencillas:

«Silla. Silla. Mesa. Mesa. Cama. Cama».

Nadie sabía que yo estaba allí, escuchando atentamente estos discos.

Otro refugio para mí era la habitación de mi hermana Simona. Rara vez la veía, pues estudiaba en Ciudad de Guatemala. Sin embargo, me deleitaba untándome crema Pond's en la cara y los brazos, imitándola al aplicarme pintalabios y polvos. Su habitación, prueba de su feminidad, estaba decorada en rosa con hermosos sombreros que aprendió a confeccionar en su escuela de aprendizaje económico. A través de sus pertenencias, sentí una conexión con estos hermanos ausentes.

Mis otros cuatro hermanos y yo compartíamos una habitación individual por la noche. Las pesadillas me llevaban a menudo a buscar consuelo junto a la cama de mi madre. El corazón de la casa era el salón central, adornado con adornos y muebles de caoba y mantenido meticulosamente ordenado. Una radio pasada de moda y un mueble de porcelana añadían encanto.

La Navidad era una época de alegría festiva. Un árbol de Navidad artificial, aparentemente expuesto desde muchos años antes de mi llegada, se erguía orgulloso. El belén en miniatura con sus ángeles, el niño Jesús, los corderos y las mulas daba vida a la historia para mí.

En esas ocasiones, mi hermana mayor, de vuelta de sus estudios, ponía en práctica sus dotes culinarias en la cocina. El aroma de pasteles especiados con pasas, galletas, pudines, tamales y «tuffies» (una delicia local) llenaba el aire. El té de hibisco, también conocido como bebida de flor de Jamaica, completaba la festiva distribución. La comida

28

era abundante y yo observaba fascinada cómo los adultos preparaban, probaban y lamían las cucharas con un brillo travieso en los ojos. Incluso los vecinos participaban en la celebración. Mi madre, siempre vigilante, me daba un manotazo juguetón en la mano, regañándome con una suave sonrisa: «¡Guarda sitio para la cena, Mija!».

Una Navidad, recuerdo que me daba miedo la oscuridad. Cuando la celebración por fin terminó un poco después de medianoche, agotados por toda la actividad, todos decidieron asistir al servicio especial de Nochebuena en la iglesia. Al quedarme sola, me dormí en el sofá del salón.

Despertarme en una casa vacía fue aterrador. La oscuridad total me rodeaba, el único sonido era el susurro del viento nocturno. Temerosa de estar realmente sola, salí dando tumbos. El camino familiar que baja la colina hacia la bahía, normalmente bullicioso de actividad, estaba vacío. Incluso el lugar donde las mujeres limpiaban el pescado estaba inquietantemente silencioso.

Los Primeros Días Hasta La Partida

Las farolas ofrecían una pizca de consuelo en el camino de vuelta colina arriba. Me encontré atraída por el resplandor familiar de la farmacia de la esquina, y finalmente me acomodé en el frío bordillo de la acera. Una oleada de alivio me invadió cuando vi que mi familia regresaba. Papá me levantó, mi mente nublada por el sueño apenas registró nada hasta que estuve de vuelta en mi cama.

La mañana de Navidad trajo otro tipo de atención. Todavía riéndose de mi aventura nocturna, mis hermanos se burlaban de mí por ser la única que se había perdido la misa de medianoche.

El espíritu navideño perduró hasta bien entrado enero. Nuestro pueblo celebraba el Año Nuevo con un vibrante despliegue de cultura garífuna. Mi padre contrató a un grupo de bailarinas «Wanaragua»; sus coloridos trajes y sus enérgicos tambores atrajeron a una gran audiencia a nuestra casa. A pesar del ambiente festivo, las máscaras y los rápidos movimientos de los bailarines me aterrorizaban. El rítmico golpeteo de los tambores y el constante tintineo de las conchas en sus tobillos -como pequeñas serpientes de cascabel, pensé- no hacían más que amplificar mi miedo.

Afortunadamente, las festividades no eran del todo abrumadoras. Con papá en casa, a menudo hacíamos excursiones a la bahía. Él pescaba en un lado de una pequeña isla rocosa con una palmera solitaria mientras yo chapoteaba en el agua cristalina del otro lado. Después, yo compartía historias de mis aventuras con la Tía Wawa y papá me contaba su vida. Esta conexión con él me hacía sentir bendecida por tenerle como padre.

Una de esas tardes, señaló hacia un grupo de luces centelleantes en la distancia. Me dijo: «Yo soy de allí. ¿Ves las lucecitas a lo lejos?».

Yo respondí: «Sí, papá».

«Allí es donde va tu hermano a la escuela», me dijo, explicándome que estaba al otro lado del mar, en Belice. Fue la primera vez que comprendí realmente la inmensidad del mundo más allá de nuestra aldea.

Los Primeros Días Hasta La Partida

Mi relación con papá era especial. Mamá siempre decía que me parecía a él e incluso que pensaba como él. A pesar de ser el más joven, sentía una fuerte conexión con él, una garantía única que trascendía la jerarquía habitual entre hermanos.

Durante una de estas salidas se anunció un cambio significativo. Papá me explicó que me iba a trasladar a Puerto Barrios junto con mamá y mi hermano porque él no iba a regresar a Belice para estudiar y, en su lugar, él y mi hermano Julián trabajarían para la American Fruit Company. Los fines de semana, sin embargo, los pasarían de vuelta en Livingston.

Al salir de la isla, el peso de la noticia se asentó. La imagen de papá llevándome a la orilla después de aquella conversación permanece grabada en mi memoria. Subimos cogidos de la mano la familiar colina, un nuevo capítulo a punto de abrirse en nuestras vidas.

El último recuerdo de Labuga es borroso: un paseo a las 4 de la mañana en la oscuridad hacia el muelle del ferry. El barco estaba abarrotado de gente, algunos abrigados con

32

jerséis contra el frío matutino, otros agarrados a maletas y bolsos. Mientras el barco se alejaba del muelle, observé cómo un grupo de pelícanos del muelle desaparecía detrás de nosotros. De repente, aparecieron dos juguetones delfines que nadaron junto al barco durante un rato antes de perderse de vista. Me apoyé en mamá para sentirme cómoda y me dormí con una leve sonrisa en los labios. El calor de su jersey y el suave balanceo del transbordador me arrullaron en una plácida siesta, una agridulce despedida del mundo que conocía.

Capítulo 3: La Llegada A Puerto Barrios

Cuando el barco llegó por fin a Puerto Barrios, fue como entrar en una colmena. Había gente por todas partes, gritando y llamando, incluso a las seis y media de la mañana. Hacía calor y el exterior estaba polvoriento. Vi carruajes tirados por caballos alineados a un lado de la carretera y vendedores de comida en carritos. Mi padre nos acompañó hasta una pequeña tienda atendida por un hombre mayor con acento jamaicano llamado Don Andrés. Su tienda estaba llena de caramelos de colores, galletas y refrescos fríos en una nevera. Tomé una Fanta de uva y unas galletas, y sabía increíble. Fue una bienvenida muy diferente a la que estaba acostumbrada en Labuga.

Después del viaje en ferry, dimos un largo paseo en taxi por Puerto Barrios. Pasamos junto a un tren que transportaba lo que parecían montones de plátanos. Finalmente, llegamos a un barrio pasando un hospital. Aquí, hileras de casas dúplex grises se erguían una al lado de la otra. La vista era algo que nunca había visto antes. Eran las casas de los empleados de la American Fruit Company, en su mayoría alemanes y estadounidenses que trabajaban en el puerto, enviando plátanos a todo el mundo. Mi padre trabajaba allí como guardia de seguridad y mi hermano Julian también estaba empezando en su nuevo trabajo.

Las hileras de casas dúplex grises no eran sólo unidades individuales; tenían cocinas separadas en cuartos a uno o dos metros de la casa principal. El primer piso de nuestro dúplex albergaba el comedor. Al fondo de esta habitación se encontraba el dormitorio de mi hermano Julian, y dos grandes bicicletas aparcadas a un lado, el aparente medio de transporte durante esta época. Doce escalones subían desde el exterior al dormitorio de mi padre, que ahora compartía con mamá. Un gran separador plegable separaba su dormitorio de la esquina frontal que se convirtió en mi habitación. Adosada a nuestro dúplex había otra unidad ocupada por una pareja con un niño más o menos de mi edad, 7. Sentada en las escaleras, contemplé esta nueva comunidad y sentí una sensación de pertenencia por primera vez desde que salí de Livingston. Por primera vez en mi vida, toda nuestra familia viviría junta.

La mayoría de mis mañanas eran recibidas por las animadas llamadas de los vendedores que pregonaban sus mercancías: tamales, leche fresca, pan y pasteles. Por las tardes, volvían vendiendo juguetes, golosinas y mis favoritos, las quesadillas. Mi padre salía temprano a trabajar y volvía a casa por la noche para cenar. Había una gran fuente con agua corriendo junto a nuestra casa, donde las mujeres lavaban la ropa y chismorreaban. Por las tardes, cuando tenía el lugar para mí sola, me encantaba ducharme en el agua fría y refrescante.

Vivir en El Rastro era una experiencia totalmente nueva. Todas las tardes, antes de la puesta de sol, todo el vecindario se reunía en un campo para volar cometas. Cometas de todas las formas y tamaños llenaban el cielo, sus brillantes colores eran un hermoso espectáculo. Era como una competición para ver cuál era la más grande, y teníamos los ojos puestos en el horizonte azul, con las cometas volando con su esplendor, luciendo los variados colores de sus largas alas y colas.

Los sábados, tomábamos el ferry de vuelta a Livingston para visitar a mis hermanos, que seguían allí. Les llevábamos un tesoro de comida y golosinas del Economato de la American Fruit Company, un supermercado sólo para empleados. El Economato era una sobrecarga sensorial en el mejor sentido de la palabra. El aroma de las palomitas frescas flotaba pesadamente en el aire, compitiendo con el dulce aroma del helado de fresa. ¡Incluso ofrecían lonchas de salami y jamón para degustar! Los pasillos rebosaban de productos exóticos (para nosotros): coloridas cajas de cereales Corn Flakes, botellas de ketchup de un rojo intenso, cajas humeantes de copos de avena y una sección del frigorífico repleta de latas de Coca-Cola. Había de todo lo que uno pudiera imaginar, desde esponjoso arroz blanco hasta una gran variedad de carnes, muy lejos de la limitada selección de Livingston. Llenábamos nuestras maletas de estas delicias, ansiosos por compartirlas con nuestros hermanos de vuelta a casa. El viaje de vuelta a Labuga

Livingston duraba 40 minutos por la tarde, pero siempre era una delicia. Observábamos a los delfines saltar y jugar en las olas y a los pelícanos deslizarse sin esfuerzo junto al barco. Era el final perfecto para un día lleno de compras y expectativas.

De vuelta en Livingston, nos esperaba un festín, una alegre reunión llena de caras conocidas. Todos estaban ansiosos por vernos y devorar las golosinas que habíamos traído del Economato de la American Fruit Company. No perdí tiempo y me uní a mis hermanos en la cocina. Nos afanábamos preparando juntos la comida. Yo salía ansiosa a nuestro patio trasero, un remanso fragante rebosante de hierbas frescas como la albahaca, el orégano y el tomillo. Alguien, normalmente un hermano mayor o un vecino servicial, ayudaba cortando y recogiendo fruta del pan del gigantesco árbol que dominaba nuestro patio. El sonido de las risas y la conversación llenaba el aire cuando los ancianos, las tías y los habitantes del pueblo pasaban a visitarnos. Estas veladas se prolongaban hasta altas horas de la noche, testimonio del fuerte sentimiento de comunidad.

Algunos visitantes incluso se quedaban a dormir, trayendo sus hamacas o esteras de paja para tumbarse en nuestro suelo. Nuestro hogar se convirtió en un refugio cálido y acogedor para todos los que entraban. Después de una semana en Livingston, volvíamos a Puerto Barrios, donde trabajaba mi padre.

Entonces, en 1962, ocurrió algo aterrador. Cuba lanzó una bomba justo cerca de nuestro barrio de Puerto Barrios. Vi aviones verdes y una gran explosión naranja en el cielo. Todos tuvimos que escondernos debajo de las camas y las mesas para protegernos. Al día siguiente, nos trasladamos a la casa de un amigo de mi padre en la ciudad de Puerto Barrios. Su hija, Vilma, se convirtió en mi mejor amiga, y yo también tenía otra amiga llamada Lucy, que era preciosa, con el pelo rubio y los ojos verdes. Éramos como las tres mosqueteras.

Vivimos un tiempo en casa del amigo de mi padre y luego nos mudamos varias veces más. Mi hermano Julian acabó yéndose a Estados Unidos para alistarse en el ejército. Finalmente, mi padre se jubiló de la American Fruit

La Llegada A Puerto Barrios

Company y compró tierras en Puerto Barrios. Allí construyó una bonita casa y abrió una tienda llamada Tienda La Florida. Yo vivía prácticamente de los dulces de la tienda y me los llevaba a la escuela para compartirlos con mis amigos. Mi hermano Julián me enviaba discos de The Beatles y otros grupos de rock and roll como The Rolling Stones, y los poníamos durante el recreo en la escuela, bailando bajo un árbol. Me hice fan.

Un día, me fijé en un niñito que andaba por casa. No tenía ni idea de que mi madre había estado embarazada. Nadie me lo había explicado. Este nuevo hermano, Freddie, tenía cuatro años cuando yo tenía nueve, y recuerdo que me llamaba «hermanita», lo que me molestaba. Parecía que los adultos nunca explicaban las cosas a los niños por aquel entonces. Simplemente te trasladaban a un sitio nuevo o introducían a una persona nueva en tu vida sin previo aviso. Ahora, ¡nuestra familia había crecido hasta ocho!

Mi hermano Julian se mantenía en contacto con nosotros por correo y nos enviaba paquetes. Una vez, envió una pequeña Estatua de la Libertad hecha de metal plateado. Estaba en el salón y yo la admiraba a menudo, sin saber qué significaba. Finalmente le pregunté a mi padre y me dijo que Papá Noel vivía allí, en el Norte. ¡Mi imaginación se disparó!

La escuela en Puerto Barrios fue una experiencia agradable. Todos los días, caminaba un kilómetro y medio hasta la escuela con un grupo de niños del vecindario. Cruzábamos un puente, disfrutando del clima cálido y soleado de nuestro nuevo hogar. Tomábamos guayabas y almendras de los árboles que bordeaban las calles sin asfaltar. La escuela empezaba con una deliciosa golosina: leche caliente azucarada con bollos dulces. Sin embargo, había una cosa que me disgustaba: una dosis mensual de algún tipo de antiparasitario anaranjado, almibarado y pegajoso.

Los profesores eran grandes modelos a seguir: maduros, aplomados y siempre vestidos con elegancia. Nosotras, las alumnas, llevábamos faldas de cuadros azules y blancos a rayas y blusas blancas. Mis estudios eran buenos y disfrutaba de la escuela con mis mejores amigas,

La Llegada A Puerto Barrios

Vilma y Lucy. Vilma era mi amiga gritona y protectora, mientras que Lucy era la modelo del grupo, y yo la más reservada y tímida entre nosotras. ¡Éramos las tres mosqueteras!

El día de la Independencia de Guatemala, el 15 de septiembre, todos los alumnos participamos en un desfile. Nos alinearon por estatura, con los alumnos más altos a la cabeza y los más bajos en la retaguardia. Al ser alta, marché orgullosa en primera fila con mis dos mosqueteras justo detrás del portador de la bandera. Fue una experiencia emocionante y mi última vez marchando por las calles de Puerto Barrios.

Poco después, mi padre vendió nuestra casa con la tienda y construyó una más pequeña más cerca de la escuela, a unos 800 metros. La nueva casa estaba pintada de gris con los marcos de las ventanas verdes, ofreciendo una hermosa vista y un acceso cercano a la bahía de Amatique. Incluso podíamos ver grandes barcos navegando hacia el puerto de Matias de Galves. Esta nueva ubicación también significaba un fácil acceso a la playa. Una tarde, fui testigo de un espectáculo emocionante: ¡una aleta de tiburón visible dirigiéndose hacia el puerto! Fueron momentos de tranquilidad que atesoraré para siempre.

Un día, mi padre incluso fue a pescar. Tenía una gran canoa propulsada por un motor Johnson. Volvió a casa con un pez gigante de dos metros ¡y una cabeza enorme! Nuestra nevera no era lo bastante grande para guardarlo, así que mi padre nos envió a mí y a una de mis hermanas mayores a vender el pescado en el mercado. Alguien con una carretilla nos ayudó a transportar la enorme criatura, ¡y se vendió en treinta minutos! Con sólo diez años, tuve mi primera experiencia de negocios.

Esta nueva casa también tenía un río que corría por detrás, un almendro en una esquina y un cocotero miniatura en la parte delantera que producía cocos grandes y fáciles de alcanzar. Mi madre plantó un pequeño huerto con orégano y una verdura de hoja verde llamada chipilín. Incluso teníamos mascotas: una perrita llamada Diana, dos conejos y una tortuga de tamaño mediano que desaparecía en el río durante un mes, ¡para volver más grande!

El barrio era una vibrante mezcla de etnias. Había ladinos (mezcla de españoles e indígenas), españoles pelirrojos y criollos negros de ascendencia jamaicana. Era un marcado contraste con nuestro pueblo garífuna de Livingston, donde todo el mundo era garífuna. Aquí se nos conocía como la familia con muchas casas.

La Estatua de la Libertad seguía manteniendo un lugar especial en mi corazón. La admiraba a menudo, llena de curiosidad por el lugar que representaba.

Un día, todo cambió. Mi padre y mis hermanas mayores desaparecieron sin ninguna explicación. Mi hermano pequeño, que ahora tenía cuatro años, y mi hermana, Jovita, se quedaron con mi madre. No discutimos su ausencia; simplemente nos adaptamos.

Una vez, mi madre nos envió a Jovita y a mí a visitar a don Andrés, el hombre mayor de la tienda cerca del puerto, al que conocí cuando llegué por primera vez a Puerto

Barrios. Ahora estaba mucho más viejo pero seguía siendo amable. Nos dio caramelos y galletas, y nos enteramos de que mi padre se había ido «al norte», donde vivía Papá Noel, según él. Nos despedimos de don Andrés y nos dirigimos a las vías del tren cerca del embarcadero. Allí vimos montañas de plátanos amarillos en el suelo y todo el mundo se servía. Parecía el fin de una era con la Fruit Company.

Mi madre estaba contenta con los plátanos y, al día siguiente, hizo pan de plátano y me envió a venderlo de casa en casa. Seguí sus instrucciones y vendí todo el pan. Un hombre llegó a ofrecerme cinco dólares por un solo pan, pero lo rechacé y me lo quedé para comer. Esa fue la última vez que vendí pan de plátano.

Un día, mamá me llamó a su habitación y me trenzó el pelo, masajeándome también el cuello ya que, según ella, sufría de tiroides. Que yo supiera, nunca tuve ningún problema.

Poco después, una mujer garífuna de aspecto severo llamada Diana se mudó como nuestra niñera. Mi madre parecía haber desaparecido y esta mujer dictaminaba todos nuestros movimientos, sin permitirme ir a ninguna parte. Mi hermana Jovita se quedaba casi siempre en casa de su amiga. Fue una época solitaria, y sentí la separación de mis padres más que nunca. La Estatua de la Libertad se convirtió en mi ídolo, un símbolo del Norte donde estaba mi padre y donde vivía Papá Noel, según me habían contado.

Por aquel entonces, recuerdo haber oído algo en la radio sobre un hombre que caminaba sobre la luna. Había una alegre conmoción de fondo y despertó en mí una nueva curiosidad. Esta noticia, junto con la extraña situación de mi familia, me hizo darme cuenta de que había todo un mundo más allá de Labuga Livingston y Puerto Barrios, y de que mi familia estaba ahora dispersa en algún lugar desconocido.

Un día, me encontré en un viaje en autobús con mis dos hermanos a Ciudad de Guatemala. Íbamos a vivir con una enfermera titulada llamada doña Rita, su marido y sus dos hijas mayores, que parecían modelos, bellas jovencitas. No recuerdo el viaje de siete horas; fue como un borrón. De repente, me encontré en una ciudad bulliciosa, un marcado contraste con la vida tranquila que conocía en Puerto Barrios. Los autobuses y los coches tocaban el claxon, creando una constante sinfonía de sonidos.

La casa de doña Rita tenía un gran portón y un muro de hormigón que hacía las veces de escaparate. Dentro, un pequeño pasillo se abría a un patio con un jardín, una zona de lavandería, una ducha y un cuarto de baño. Tres dormitorios rodeaban este espacio central. El nuestro estaba cerca de la parte delantera, seguido de un gran salón con una zona para sentarse y, a continuación, la cocina y el comedor. Después de cenar, nos reunimos todos en el salón para ver la televisión por primera vez. Me quedé hipnotizada con los musicales y las comedias españolas, una grata distracción de mis preocupaciones.

Doña Rita y su familia fueron amables y nos trataron bien a pesar de algunas tensiones con una de sus hijas, que pareció enfadarse cuando alguien utilizó su toalla. Después de eso, tuve cuidado de no molestarla con nada.

Los domingos, nos invitaban al cine, a pasear por el parque y a mirar escaparates. Durante nuestra estancia, un abogado nos recogió y nos llevó a obtener nuestros pasaportes. Recuerdo que me hicieron una foto, un atisbo de una vida futura en Estados Unidos. También nos informaron de que éramos menores y necesitábamos que un adulto viajara con nosotros. Afortunadamente, nuestras green cards fueron aprobadas.

Pasaron meses hasta que mi hermana mayor, Simona, llegó de Nueva York para reunirnos con nuestros padres. Nos llevó a un hotel y nos proporcionó ropa nueva. Recuerdo un vestido amarillo con cuello blanco, botas negras y una larga peluca negra que me hacía reír. Disfrutamos de un desayuno a base de delicioso pan, pasteles, frijoles refritos, huevos y leche.

Le estoy muy agradecida a doña Rita por habernos acogido. Aunque no éramos una familia perfecta, en su casa se respiraba amor y apoyo. Doña Rita era amiga de mi hermana mayor, Chiqui, y sus conexiones resultaron inestimables durante esta época. También agradezco los sacrificios que hicieron mis padres para traer a todos sus hijos a Estados Unidos de la forma más honorable. Estoy agradecida al abogado y a la niñera de Puerto Barrios que hicieron ese viaje de siete horas en autobús hasta Ciudad de Guatemala con nosotros, que éramos niños pequeños. Aunque no recuerdo el viaje en sí, es un testimonio de hasta dónde llega la gente por la familia. Quizá sea así como funciona la mente de un niño, conservando selectivamente los recuerdos.

Por fin llegó el día tan esperado. A los once años, en 1967, yo, junto con mi hermana mayor Simona, mi hermano menor Freddie (de siete años) y Jovita (de catorce), embarcamos en un vuelo de primera clase de Pan American Airlines desde el aeropuerto Aurora de Ciudad de Guatemala. El servicio fue increíble. Recuerdo vívidamente la deliciosa comida caliente con bistec y una variedad de postres. Estaba muy lejos de la vida sencilla que había conocido en Livingston y era una muestra de la nueva vida que nos esperaba en Estados Unidos.

Capítulo 4: La Gran Migración

El avión se sumergió por debajo de las nubes y me quedé completamente embelesada por la visión de un millón de luciérnagas titilantes, no, un millón de diminutos diamantes esparcidos por un vasto lienzo de tinta: así era la ciudad de Nueva York por la noche. Hipnotizada, apreté la cara contra la ventanilla, con un millón de preguntas arremolinándose en mi cabeza sobre este nuevo viaje que estaba a punto de iniciar.

Aterrizamos con un ruido sordo que me devolvió a la realidad. Había sonidos por todas partes: motores ruidosos, gente hablando animadamente y anuncios rápidos que salían del altavoz. Siguiendo el ejemplo de mi hermana, desembarqué, sintiendo un nudo de nerviosismo apretarse en mi estómago. ¿Me sentiría cómoda alguna vez en esta bulliciosa metrópolis?

Lucia Cayetano-Guity

Al salir del aeropuerto, lugares emblemáticos como la Estatua de la Libertad y el Empire State Building fueron señalados por mi hermana, cada vista se sumaba a la experiencia surrealista de nuestra primera noche en Estados Unidos. Aterrizamos sin contratiempos y, aunque los detalles del trayecto desde el aeropuerto son nebulosos, recuerdo vívidamente mi llegada al Bronx, donde me esperaba mi nuevo hogar en la avenida Trinity. El edificio de apartamentos asentado en la tercera planta parecía un laberinto, con su estrecho pasillo que conducía a una pequeña cocina a la derecha, seguida de un cuarto de baño, y luego se abría a una sala de estar. Fue aquí donde me reuní con la mayoría de mis hermanos, excepto mi hermano Julián, que estaba sirviendo en las Fuerzas Armadas en Vietnam, y mi hermana Chiqui, que estaba en Florida. Mi hermana Chiqui siempre estaba en otra parte, y apenas recuerdo cómo era en persona porque casi nunca estaba en casa. Por lo que tengo entendido, se trasladó a Florida para vivir con un pariente garífuna. Tras caer enferma, tuvo que regresar a Ciudad de Guatemala para someterse a una intervención quirúrgica, y fue allí donde conoció a doña Rita, la enfermera jefe que desempeñó un papel importante en nuestras vidas. Doña Rita patrocinó generosamente nuestra estancia en Ciudad de Guatemala, ayudándonos enormemente durante una época difícil. La vida de Chiqui dio otro giro cuando conoció a alguien de Belice y empezó a vivir con él. De todos modos, la eché de menos cuando llegamos a Nueva York.

El abrazo de mi padre era cálido y acogedor, una seguridad reconfortante tras el largo viaje. El apartamento estaba abarrotado, con un solo dormitorio para compartir entre todos, pero la alegría de reunirme con mi familia eclipsó cualquier incomodidad. Este arreglo, sin embargo, no era ideal para todos. Mi hermana Vila tenía un hijo que necesitaba una vivienda adecuada, un entorno menos reducido que el que podía ofrecer nuestro apartamento de una habitación. Estábamos juntos de nuevo, aunque en un espacio reducido, era nuestro espacio.

Los días siguientes fueron un torbellino de actividad. Me enteré de que mi padre había salido de Guatemala y había aterrizado en Nueva Orleans. Me contó historias sobre cómo fue a un restaurante y los negros americanos estaban fuera mirando por la ventana, preocupados porque no le sirvieran. Afortunadamente, los propietarios blancos del restaurante le sorprendieron. No sólo le dieron una calurosa bienvenida, sino que inició una conversación con ellos sobre la American Fruit Company, su antiguo Empleador. Estaban familiarizados con la Compañía y la conversación fluyó con facilidad. La comida terminó con él saboreando una copa de coñac, un lujo en medio del inesperado giro de los acontecimientos.

Sin embargo, la ciudad se enfrentaba a otro tipo de disturbios. Las tensiones civiles crepitaban en el aire, un marcado contraste con la vida pacífica que había dejado atrás en Guatemala. A pesar de la calidez inicial de los dueños del restaurante, Nueva Orleans no era un lugar en el que sintiera que su familia pudiera labrarse un futuro seguro. Entonces llegó un golpe de suerte. El mismo dueño del restaurante, impresionado por el comportamiento de mi padre y quizá reconociendo su potencial, le ofreció un salvavidas. Recomendó a mi padre para un trabajo en una

Compañía de joyería a medida en Nueva York. Era una oportunidad para escapar de las tensiones y seguir una carrera en un campo que conocía bien. Esta oportunidad inesperada le planteó una elección difícil: reubicar su vida una vez más, dejando atrás lo familiar por lo desconocido. Mi madre, siempre ingeniosa, consiguió un trabajo con una familia judía de Long Island. Gracias a su apadrinamiento, pudo obtener la green card, un paso crucial en nuestro camino para convertirnos en ciudadanos estadounidenses. Luego apadrinó a mi padre, y juntos nos apadrinaron a todos nosotros, sus hijos. Fue un proceso largo y arduo, pero sus sacrificios fueron allanando el camino hacia un futuro mejor para todos nosotros.

Nuestra situación de vida mejoró cuando mi padre consiguió un apartamento más grande en la misma calle, la avenida Trinity. Éste tenía dos dormitorios espaciosos y un gran salón. Mejor aún, estaba en el cuarto piso, un piso sin ascensor, lo que significaba un poco de ejercicio después de toda la deliciosa comida que preparaba mi madre. El edificio estaba lleno de caras conocidas: amigos garífunas de mi padre que habían trabajado con él en la American Fruit Company allá en Guatemala. Los fines de semana estaban llenos de risas y música mientras visitábamos las casas de unos y otros, compartiendo historias y disfrutando de una muestra de nuestra tierra natal en esta nueva ciudad. Mi hermana mayor, Simona, organizaba fiestas en su apartamento, a una manzana de nosotros. Ella cocinaba y vendía cerveza y refrescos, y así fueron pasando los años hasta llegar a los setenta.

Mi escuela, la Escuela Secundaria 120, estaba a una manzana de nuestro apartamento. Esta proximidad era una bendición; aún no tenía que navegar por las complejidades del sistema del metro. Mi madre, siempre ingeniosa, seguía trabajando para la familia Ross en Long Island cinco días a la semana. La señora Ross, una mujer amable y generosa, nos trataba como si fuéramos de la familia. Durante los veranos, nos recogía -a mí, a mi padre y a mamá- para pasar un tiempo con ella y su familia en su encantadora casa de campo de Fire Island. Toda la familia y los invitados colaborábamos, asando la comida y arreglando el espacio exterior.

Mark, el hijo de la Sra. Ross que era un año mayor que yo, era un alma aventurera. Me guiaba en expediciones de navegación en su barco velero y, juntos, cavábamos en busca de almejas en los bajíos, desenterrando tesoros ocultos bajo la arena. Cuando se acercaba el atardecer, caminábamos hasta el otro extremo de la isla, persiguiendo el sol poniente y construyendo elaborados castillos de arena que imitaban la grandeza del perfil de la ciudad a la que pronto regresaríamos. De vuelta en la casa de campo, jugaba a buscar la pelota con su perro, un compañero peludo que me recibía con un entusiasmo sin límites.

La familia Ross nos colmó de deliciosas comidas: hamburguesas, perritos calientes y esponjosos donuts. La Sra. Ross, con un toque de extravagancia, me empaquetaba ropa preciosa como regalo. No eran hallazgos corrientes: marcas de diseñador procedentes de Saks Fifth Avenue adornadas con etiquetas en las que se leía «Gucci» y «Prada». Eran un mundo aparte de mis habituales prendas de segunda mano, y aunque algunos niños del colegio se burlaban de mí por ellas preguntándome por qué llevaba marcas de diseñador, yo sabía la historia que había detrás de estas prendas. Eran un símbolo de la generosidad de la Sra. Ross y un atisbo de un mundo diferente, un mundo de lujo y privilegio.

La Sra. Ross, una mujer apasionada por el aprendizaje, no dejaba que el fin de semana se limitara a la diversión y los juegos. Antes de marcharse, me entregaba una pila de revistas que ella y su hija, en edad universitaria, ya no necesitaban. Vogue, Time y otras publicaciones, junto con la voluminosa edición dominical del New York Times, llenaban mis brazos. Me pasaba horas hojeando estas revistas, maravillada por los relojes Rolex que brillaban en muñecas perfectamente cuidadas y las modelos que lucían las últimas tendencias de la moda. El New York Times, con sus artículos profundos sobre la actualidad, me abrió una ventana a un mundo más allá de los confines del Bronx. Esta exposición a diferentes formas de vida y a la inmensidad del conocimiento parecía haberme ayudado a adaptarme a una vida diferente en Estados Unidos.

Mi inmersión en la vida estadounidense no se limitó a la generosidad de la familia Ross y al mundo que atisbaba a través de las revistas. También acompañaba a mis hermanas mayores a la escuela nocturna, donde me sentaba tranquilamente a recibir lecciones. Esta exposición no sólo reforzó mi rápido aprendizaje del inglés, sino que también avivó mi deseo de formar parte de una clase más avanzada. Sin embargo, la clase bilingüe en la que me colocaron me pareció al principio un obstáculo para mi progreso. Estaba llena de alumnos hispanohablantes y me preocupaba que eso ralentizara mi aprendizaje. Con la ayuda de un intérprete, reuní el valor necesario para hablar con el director de la escuela. Le expliqué mi deseo de sumergirme en el inglés y pedí un traslado a una clase más exigente.

El director, impresionado por mi iniciativa, organizó un examen de nivel al día siguiente. Con toda esa determinación, obtuve con éxito un 98% en ese examen.

Esta puntuación me valió una plaza en una clase con los «alumnos de élite y populares», como se les llamaba. Aunque este paso me colocó entre los mejores estudiantes, también atrajo cierta atención no deseada. Una chica llamada Liza, quizá sintiéndose amenazada por mi repentina llegada, me envió una nota amenazadora, prometiendo «saltar sobre mí» en la clase de gimnasia. En lugar de retroceder, decidí enfrentarme a ella de frente. Durante el descanso del almuerzo, me acerqué a su grupo, ignorando las mariposas que revoloteaban en mi estómago. Con una calma que me sorprendió incluso a mí, le informé de mi «cita con el dentista» que convenientemente coincidía con la clase de gimnasia. Lo inesperado de mi respuesta la desarmó. Su sonrisa inicial se transformó en un murmullo nervioso mientras sus amigas se echaban a reír. Este encuentro, aunque breve, resultó ser un punto de inflexión. Liza no volvió a molestarme y sus amigas, inicialmente recelosas, empezaron a acercarse a mí con curiosidad. Me hice amiga de ella pero nunca dejé que se acercara. Esta experiencia me enseñó una valiosa lección sobre cómo navegar por la dinámica social, una habilidad que me sería muy útil en el futuro.

Tuve que ajustarme y adaptarme a mi nuevo entorno muy rápidamente. Tuve que relacionarme con alumnos de diferentes culturas y países. Tenía amigos puertorriqueños, cubanos, dominicanos, estudiantes de Carolina del Sur y afroamericanos. Los profesores eran extremadamente entrañables y comprensivos. Uno de ellos me felicitaba a menudo por mi sonrisa, un simple gesto que aumentaba mi confianza. Mi dedicada consejera vio potencial en mí. Me propuso para un programa llamado «Experiencia de verano en el Keuka College», un programa de tres semanas que ofrecía clases académicas por las mañanas y actividades sociales por las tardes. Esta oportunidad, una oportunidad de experimentar la vida universitaria de primera mano, me llenó de entusiasmo, pero la idea de estar lejos de mi familia durante tres semanas me resultaba desalentadora.

Con el aliento de mi consejera y la bendición de mis padres, me embarqué en esta nueva aventura. El Keuka College, situado en medio de ondulantes colinas, estaba lejos de las bulliciosas calles del Bronx. Mi dormitorio era sencillo pero cómodo, y mis compañeras de piso, chicas de diferentes partes del estado de Nueva York, eran amigables y hospitalarias. Las clases eran desafiantes pero estimulantes. Las mañanas las pasaba lidiando con complejos problemas matemáticos y sumergiéndome de lleno en el mundo de la literatura inglesa. Las tardes ofrecían un agradable descanso, repleto de actividades como nadar en el lago, remar en un pintoresco barco de madera e incluso una emocionante excursión a un parque de atracciones. Por las noches, nos reuníamos para animadas discusiones, noches de cine y bailes sin preparación. Fue una experiencia increíble, una puerta de entrada a la libertad y la independencia que ofrecía la vida universitaria.

Una noche, en un baile, conocí a un chico afroamericano. Era un año mayor que yo y tenía unos bonitos ojos verdes. Pasamos la noche hablando de todo y de nada, nuestras risas se mezclaban con la música. Cuando la noche tocaba a su fin, me acompañó a mi dormitorio. Bajo el suave resplandor de la farola, se inclinó hacia mí y me dio mi primer beso. Fue un gesto dulce e inocente que me hizo sentir mariposas revoloteando en el estómago. Otro fin de semana quedamos para visitar las cataratas del Niágara. Disfruté del estruendoso rugido del agua y de la impresionante niebla que lo envolvía todo a su paso. Fue una experiencia realmente impresionante.

La última semana hice un examen de literatura inglesa, en el que tuve que escribir un ensayo sobre mi experiencia en el Keuka College y lo que aprendí allí. Mis habilidades matemáticas también mejoraron: ¡obtuve un 89%! No estuvo nada mal. Me sentí increíblemente agradecida de que mi consejera escolar viera potencial en mí. Ella me nominó para este increíble programa, y no habría tenido esta oportunidad si ella no hubiera creído en mí. Tampoco vi a ninguno de los estudiantes de mi escuela durante todo el programa - fuimos seleccionados de varias escuelas de todo el estado de Nueva York. También agradezco a mi padre que confiara en su hija para estar fuera de casa durante tres semanas. Significó mucho para mí. Y a mi hermana Vila, que envió un atento paquete con golosinas y algo de dinero (¡aunque se lo llevó la seguridad!). La intención era lo que más importaba. El programa también nos proporcionó dinero para gastos, y eso fue suficiente.

Llegó el día en que nos subieron a los autobuses. Había varios autobuses con diferentes destinos. Al subir, vi al chico de ojos verdes que me dio mi primer beso. Me tomé un momento para agradecerle la experiencia. Nos dijimos adiós con la mano, su autobús se dirigía a un destino diferente al mío. Durante todo el camino de vuelta a casa, aprecié cada minuto de esta experiencia, una que quedó grabada en mi mente para siempre.

En septiembre, empezaría en un instituto recién construido llamado Herbert H. Lehman High School. Estaba situado al otro lado de la ciudad, y tendría que tomar el autobús, que requería una tarifa mensual. La escuela era nueva y contaba con una población más diversa que la anterior. Incluso oí que había protestas de la comunidad contra el plan de llevar en autobús a estudiantes de barrios marginales como yo a un barrio predominantemente griego, italiano e irlandés. Afortunadamente, estas protestas no tuvieron éxito.

Como recién llegada a Estados Unidos, procedente de la costa caribeña, aún estaba aprendiendo a desenvolverme con los matices de las expresiones de las personas. Sin embargo, llegué con un fuerte sentido de mí misma, mis propios valores, principios y moral. Por encima de todo, quería mucho a mis padres y quería hacer todo lo posible para expresar mi gratitud por sus sacrificios. Así que, con eso en mente, estaba lista para dirigirme a esta nueva escuela, concentrada en el aprendizaje y en todo lo que tenía que ofrecer.

Capítulo 5: La Vida En EE.UU.

Mudarme a Nueva York supuso un gran cambio para mí. Adaptarme a la vida en Nueva York fue un viaje lleno tanto de retos como de descubrimientos. Tras el abrumador reencuentro inicial con mi familia, tuve que navegar por las complejidades de la vida en una ciudad bulliciosa que era muy diferente a cualquier lugar en el que hubiera vivido antes.

Las calles del Bronx eran ruidosas y a menudo sucias, muy distintas de la serena belleza natural de Livingston. Me sorprendieron las diferencias culturales pequeñas, como la gente comiendo sobre la marcha, una visión que contrastaba mucho con los horarios disciplinados de las comidas en casa que nos enseñó mi madre. Recuerdo un día en que vi a un hombre comiendo algo con queso goteándole en las manos; fue entonces cuando conocí la pizza.

La Vida En EE.UU.

Mis primeros días estuvieron marcados por la lucha para superar las barreras lingüísticas. Recuerdo sentirme impotente cuando una mujer en el supermercado parecía frustrada conmigo por no haberle mantenido la puerta, un simple acto de cortesía que no entendí en ese momento debido a la brecha lingüística. Estos pequeños malentendidos fueron momentos de aprendizaje que poco a poco me ayudaron a adaptarme a las costumbres y comportamientos locales.

Nuestro primer apartamento en Trinity Avenue era ruidoso y estaba lleno de gente, pero era nuestro primer hogar en Estados Unidos. Sin embargo, no era el lugar más seguro, y me ocurrió algo aterrador en el edificio de mi hermana. Un día, estaba de visita en el edificio de mi hermana mayor, a una manzana de distancia de mis padres. Cuando llegué a su edificio, subí las escaleras y me di cuenta de que alguien intentaba asaltarme tirándome por debajo de las escaleras. Luché y corrí, saliendo a toda prisa del edificio. Fue entonces cuando papá supo que necesitábamos encontrar un lugar mejor para vivir.

Durante este periodo, dos de mis hermanas se casaron. La que tenía el niño consiguió sacar a su hijo del centro de acogida y se fue a vivir con su marido. La otra hermana se casó y se fue con su marido a vivir juntos. Reconociendo la necesidad de una mejor calidad de vida, especialmente con algunos de mis hermanos empezando sus propias familias, mi padre, con ayuda de mi hermano Julian, que acababa de regresar del servicio militar, consiguió un apartamento mejor en una comunidad más agradable. Este nuevo hogar estaba cerca tanto del zoo del Bronx como del Jardín Botánico de Nueva York, zonas que proporcionaban un muy necesario escape de la rutina urbana. El nuevo apartamento formaba parte de una urbanización que ofrecía no sólo seguridad sino también un sentido de comunidad que había faltado en la avenida Trinity.

Salí de la avenida Trinity, que estaba plagada de las bandas Ford Apache y era insegura. La nueva comunidad ofrecía un fácil desplazamiento en autobús a mi nueva escuela, el instituto Herbert H. Lehman, que también era nuevo. Se podía oler su frescura y admirar su moderna estructura construida sobre el Hitchington River Parkway. El edificio era icónico. Me sentí bendecida, sintiendo que Dios guiaba divinamente mi camino. Estaba encantada de que mi hermano Julian residiera en la tercera planta de nuestro edificio, y una de mis hermanas casadas se mudó a la cuarta planta del mismo edificio. Mis padres, otros dos hermanos y yo ocupábamos un apartamento de tres habitaciones en la segunda planta.

Vivir aquí era como estar en una utopía. A sólo una manzana de distancia, en la avenida Crotona, había una vibrante Pequeña Italia, famosa por sus productos frescos y su marisco, y mercados repletos de artículos importados de Italia, como Parmigiano Reggiano, aceites de oliva, prosciutto y salchichas que colgaban del techo, llenando el aire con sus penetrantes aromas. La famosa Avenida Arthur estaba a la vuelta de la esquina. Disfruté especialmente de la Gelateria, donde hacían un helado que se convirtió en un delicioso capricho de fin de semana. La pizzería local ofrecía unas pizzas finas y crujientes que eran mis favoritas. Todos los domingos después de la iglesia, mi madre y yo paseábamos por estas calles, empapándonos de las vistas, los sonidos y los aromas, ya fuera el dulce olor de las panaderías, el cálido aroma del pan fresco o los olores más penetrantes de los embutidos secos y la mozzarella. Estos paseos se convirtieron en un ritual muy apreciado, al igual que las visitas al zoo y al jardín botánico del Bronx, donde los niños jugaban alegremente con sus primos.

Aunque éramos felices en nuestro nuevo hogar, a veces seguíamos echando de menos Guatemala. Fue triste cuando mi abuela falleció allá. Nos hizo recordar a nuestra familia.

La vida en Nueva York seguía cambiando. Nuevas canciones y bailes se hicieron populares, como la música disco. Era una época muy divertida. Lo celebrábamos juntos, organizando fiestas llenas de risas y música. Los fines de semana eran para explorar la ciudad en familia. Hacíamos picnics en la vasta extensión del Central Park, el corazón esmeralda de Nueva York. El invierno traía la mágica transformación de la pista de hielo del parque, donde tengo vívidos recuerdos de caídas sobre el hielo, seguidas del calor del cacao caliente y las crujientes patatas fritas bañadas en ketchup. Estos momentos sencillos, rodeados de familia y alegría, quedaron grabados en mi memoria para siempre.

Al igual que en mi infancia en Labuga Livingston, los viajes de compras a Macy's se convirtieron en una tradición muy apreciada. Especialmente después del desfile del Día de Acción de Gracias, la energía en la tienda era eléctrica. La vida parecía moverse a un ritmo vertiginoso, un constante remolino de nuevas experiencias y descubrimientos. La era de la música disco palpitaba con una energía contagiosa, mientras que las noticias estaban dominadas por la impactante muerte de Elvis Presley y el escándalo Watergate en pleno desarrollo. Me sentía como en una emocionante montaña rusa, un torbellino de alegría y aprendizaje.

Un aprendizaje que parecía muy esforzado y a la vez próspero, a continuación, mi experiencia en el instituto: ¡un capítulo totalmente nuevo que espera ser explorado!

Capítulo 6: Aprendiendo A Través De Las Fronteras

La educación era un bien preciado en mi familia garífuna. Sus raíces se remontan a mi indomable abuela, Lasara Sandoval Gonzales. Exiliada de San Vicente a Honduras y finalmente asentada en Labuga Livingston, Guatemala, se enfrentó a las penurias de frente. Madre soltera de cinco hijos, Lasara construyó una vida de autosuficiencia. Adquirió tierras, las cultivó y plantó árboles frutales que alimentaron a generaciones. En otra de sus propiedades cultivó arroz. Tras el fallecimiento de mi abuela, una de mis hermanas construyó una casa en la propiedad, y durante la excavación del terreno se encontraron toneladas de ñames de distintas variedades. La verde vegetación que cubría el terreno había desarrollado mucho ñame comestible a lo largo de los años de cultivo de la abuela. Incluso hoy, la tierra es testigo de su legado. Un majestuoso árbol de aguacate, plantado años antes de que yo naciera, sigue dando frutos, sus frutos largos y en forma de pera es un testamento de su labor de amor.

La educación de mi madre se interrumpió en segundo curso. Lasara necesitaba su ayuda en la granja, un lugar que los garífunas llamaban «arabu». A pesar de ello, mi madre nunca olvidó la importancia de aprender. La Biblia se convirtió en nuestra principal fuente de educación, y recuerdo vívidamente recitar poemas y hacer los deberes de pie sobre una mesa, un testimonio de su dedicación.

Mi educación formal comenzó en Guatemala, donde tuve el privilegio de asistir al jardín de infancia. Creo firmemente que la educación en la primera infancia es crucial para el desarrollo de un niño, ya que establece las bases para las habilidades cognitivas y la interacción social fuera del núcleo familiar. Guatemala también me regaló el español, mi tercera lengua. Hablar español con fluidez ha demostrado ser inestimable a lo largo de mi vida, tanto en mi carrera como en mis viajes. Ahora puedo comunicarme y traducir entre el español, el inglés y el garífuna, ¡e incluso hacer mis pinitos en italiano, francés y árabe!

En 1967, a la edad de nueve años, mi vida dio un giro inesperado. Mi familia emigró a Nueva York, una decisión que tomó mi padre para asegurarnos un futuro mejor a sus hijos. Aunque yo no formé parte de la discusión, confié en su plan. El cambio cultural fue inmenso, pero me adapté. La escuela, sin embargo, supuso un nuevo reto. Me colocaron en una clase para niños hispanohablantes y sentí que mi inglés no progresaba. Así que, con sólo quince años, tomé las riendas de mi educación. Abogué por mí misma, hablé con el director y pedí una clase diseñada para estudiantes anglófonos. Me hicieron una prueba y mi determinación me valió una plaza en un programa más exigente. Esta experiencia fue un punto de inflexión que me enseñó la importancia de defender mis necesidades.

Mi duro trabajo dio sus frutos. Al graduarme en el primer ciclo de secundaria, incluso tuve el honor de asistir a un prestigioso programa de verano de tres semanas en el

Keuka College. Fue una experiencia reveladora, que me mostró las enormes posibilidades que me esperaban.

De vuelta en Nueva York, me embarqué en un nuevo capítulo en el instituto Herbert H. Lehman. La escuela, con su arquitectura moderna y sus aulas suspendidas sobre una autopista, me pareció un símbolo: un nuevo camino construido sobre experiencias pasadas. Los profesores eran dedicados y alentadores. Una cara familiar de mi escuela primaria incluso me ofreció una sonrisa reconfortante, recordándome que incluso en un entorno nuevo, podía haber familiaridad. Algunos profesores, como el Sr. McDermott, encarnaban el espíritu de la era hippie con su porte desenfadado. Yo también abracé la autoexpresión a través de vaqueros remendados y tops bordados, un look que se convirtió en mi firma.

Los estudios fueron un viaje apasionante. Seguí perfeccionando mis conocimientos de español, pero esta vez por elección propia. Clases de inglés, matemáticas, ciencias e incluso de inversiones llenaban mi horario. La clase de inversiones nos llevó de excursión a Wall Street, donde fuimos testigos del bullicioso corazón del mercado de valores en plena acción. Mi clase de enfermería visitó el Hospital Bronx Lebanon, donde más tarde fui voluntaria como repartidora de golosinas. Aunque alimentar a los pacientes y aprender las técnicas adecuadas para hacer las camas fueron experiencias gratificantes, ¡la visita al depósito de cadáveres fue un poco inquietante!

El instituto no se limitaba a los libros de texto. Participé activamente en actividades extraescolares. Las carreras de relevos en el equipo de atletismo pusieron a prueba mi capacidad de trabajo en equipo. El club de liderazgo me permitió planificar eventos e incluso probar la gimnasia, una forma divertida de desafiarme físicamente. Pero fue el club de actividades al aire libre el que realmente encendió mi espíritu aventurero. Exploramos los senderos de montaña de los Apalaches, acampamos bajo cielos estrellados y montamos a caballo en ranchos. Estas experiencias no sólo fomentaban las habilidades de supervivencia, sino que también brindaban la oportunidad de conectar con un grupo diverso de compañeros de clase: irlandeses, italianos, griegos, afroamericanos y, por supuesto, garífunas. Era un hermoso tapiz de culturas y experiencias entretejidas con risas y alegría.

Después de cuatro años de instituto, sentí una profunda satisfacción. Vivir en Estados Unidos no sólo me fortaleció, sino que amplió mis horizontes. Aprendí sobre la historia estadounidense y el rico tapiz de culturas que se entreteje en su entramado. Aunque abracé mi herencia garífuna, nunca me dejé perder en la mezcla. Respetar la individualidad fue una lección crucial para una mente en desarrollo.

A los diecisiete años, en la cúspide de los dieciocho, era una joven alta y delgada, a menudo confundida con una modelo. Mi altura me hacía sentir a veces fuera de lugar, anhelando ser más baja. A pesar de ser voluntaria en el hospital, me encontré con algunas miradas inoportunas, que aprendí a sortear con firmeza. Buscando un entorno más estructurado, me uní a un programa de trabajo y estudio, convirtiéndome en técnico de rayos X en la consulta del Dr. Berkowitz. Aprender a manejar la máquina de rayos X y a revelar películas fue una experiencia muy valiosa. Durante los veranos, ganaba dinero extra realizando el mantenimiento de parques con un programa juvenil, fomentando el trabajo en equipo y el sentido de la responsabilidad comunitaria. Estas experiencias me inculcaron el sentido de la independencia financiera. Abrí mi primera cuenta bancaria con apenas veinte dólares y poco a poco la hice crecer por diversos medios. Ayudar a mi hermana mayor con el cuidado de los niños y la preparación de la comida para su negocio de catering me enseñó valiosas habilidades culinarias.

En junio de 1975 se produjo un hito importante: mi graduación en el instituto. Con honores y un premio Regents' Excellence en lenguas extranjeras, me mantuve firme a pesar de asistir sola a la ceremonia. Mi familia, obligada por compromisos laborales, no pudo estar allí. Esta experiencia subrayó mi creciente madurez e independencia.

Ese otoño, me matriculé en el Bronx Community College. Sin embargo, la duda me corroía. Habiendo llegado a Estados Unidos siete años antes con un dominio limitado del inglés, la idea de ir a la universidad me parecía desalentadora. Pero superé estos temores y me matriculé en el examen de acceso. Aunque sobresalí, el requisito de una clase de inglés como segunda lengua (ESL) me pareció un revés.

El campus del Bronx Community College era una vista preciosa, enclavado entre exuberante vegetación y monumentos históricos. Navegar por la matriculación fue un reto, pero lo afronté con determinación. El álgebra y la trigonometría resultaron difíciles al principio, pero con la ayuda de dos tutores maravillosos -una mujer judía que me sirvió de mentora y un hombre afroamericano que me guió a través de la filosofía- superé estos obstáculos. Mis profesores y tutores se convirtieron en algo más que educadores; se convirtieron en conocidos que ampliaron mi mundo. Un profesor de música incluso me invitó a una fiesta en Manhattan, donde conocí a figuras destacadas de la industria del arte y la música.

Aunque el Bronx Community College era conocido por su programa de enfermería, mis intereses cambiaron.

Destacando en sociología, sobre todo en la exploración de culturas y etnias, escribí un ensayo cautivador sobre este mismo tema. Sumergirme en los matices del comportamiento humano basado en la cultura y las experiencias se convirtió en una profunda pasión.

En 1978, me gradué en el Bronx Community College con méritos y un codiciado puesto en la Dean's List VIP por mi excelencia académica. Este reconocimiento supuso una enorme inyección de confianza, ya que demostraba que mis esfuerzos estaban dando sus frutos. Aunque las amistades eran escasas, ya que la mayoría de los estudiantes estaban centrados en el trabajo y la familia, mis padres y mi hermana celebraron mi graduación en una alegre cena.

Mi viaje continuó en el Herbert H. Lehman College, una institución de cuatro años. Sin embargo, gracias a mis 69 créditos transferibles del Bronx Community College, sólo necesitaba asistir dos años. Imagínense mi sorpresa cuando mi tutor afroamericano del Bronx Community College se convirtió en mi profesor de sociología en Lehman. El mundo parecía más pequeño. Mi creciente pasión por la cultura y la etnicidad me llevó a incorporarme al Departamento de Trabajo Social. Aquí conocí a estudiantes maravillosas que compartían intereses similares. Janice, en particular, se convirtió en una gran amiga y confidente. Entre clase y clase y durante las pausas para comer, pasábamos incontables horas enzarzadas en estimulantes conversaciones.

Mi plan de estudios de trabajo social se centraba en las ciencias sociales y las artes liberales. Las prácticas sobre el terreno en establecimientos como la residencia de ancianos Morningside me proporcionaron una valiosa experiencia práctica. Trabajando con grupos y familias que cuidaban de ancianos, me especialicé en gerontología. La colaboración con otros profesionales de la salud -enfermeras, fisioterapeutas, proveedores de atención médica- era una parte esencial del enfoque de equipo en la atención a los pacientes.

Compaginar los estudios y el trabajo exigía un horario riguroso. Dedicaba tres días a la semana a mis prácticas de trabajo social y dos días a mis estudios. Esta experiencia vertiginosa fue un crisol que me moldeó como profesional.

No me sobraba el tiempo, pero mi determinación de triunfar no hizo sino fortalecerse. La timidez dio paso a la confianza a medida que abordaba los retos, perfeccionaba mi capacidad para resolver problemas y aprendía a delegar tareas. Desarrollar la empatía y la compasión se convirtió en un elemento central de mi enfoque, capacitando a las personas y a las familias para que pudieran salir adelante en sus situaciones.

Un día, me llamó la atención un folleto en el tablón de anuncios de una escuela en el que se anunciaba un puesto de cuidadora para una anciana. Ansiosa por obtener ingresos adicionales y un cambio de la interminable dieta de pizza que me permitía mi presupuesto estudiantil, decidí solicitarlo. Estas prácticas de estudiante no estaban remuneradas, y parecer profesional era primordial. Mi padre, que luchaba por apoyar mis estudios, me había dado un ultimátum: elegir la escuela o el trabajo. Decidida a hacer ambas cosas, llamé a la mujer del folleto.

Vivía en un lujoso apartamento de la prestigiosa 68th Street y la Quinta Avenida de Manhattan. Un mayordomo uniformado me hizo pasar, donde conocí a la mujer y le hablé de mis obligaciones. Acompañarla al Museo Metropolitano de Arte formaba parte de la descripción del trabajo, una prebenda que atraía mi lado artístico, fomentado en mis clases de música y arte en el Bronx Community College.

Al empujar su silla de ruedas por las vastas salas del museo, entablábamos estimulantes conversaciones sobre arte. Almorzar en el restaurante del museo resultó una experiencia deliciosa. Su elección de sopa de cebolla francesa -mi primer encuentro con esta sabrosa combinación de caldo, pan y queso fundido- fue una revelación. La conversación fluía con facilidad, abarcando la actualidad y una serie de temas que revelaban su agudo ingenio y su entusiasmo por la vida.

Al volver a su apartamento, me sorprendió con un generoso pago de 150 dólares. Este trabajo semanal de los sábados se convirtió en un salvavidas, ayudándome a cubrir los gastos de la universidad hasta mi graduación en 1981. Mi ceremonia de graduación fue un momento de orgullo. Mis padres y mi hermana, radiantes de alegría, fueron testigos de cómo recibía mi licenciatura en Trabajo Social. Mi profesor, reconociendo mi potencial, me recomendó para un puesto en las Hermanas Dominicas de los Enfermos y los Pobres, una organización de servicios de salud a domicilio para familias.

Trabajando como parte de un equipo de profesionales de la salud, presté servicios a personas y familias de la comunidad. Las enfermeras visitadoras, los auxiliares sanitarios a domicilio, los proveedores de atención pastoral y los trabajadores sociales como yo formaban una red de apoyo vital. Estas visitas a la comunidad eran a menudo un reto. A veces, me encontraba con condiciones de vida inseguras que hacían necesario encontrar un alojamiento alternativo para los pacientes, garantizando un entorno seguro tanto para los pacientes como para los proveedores de atención médica. Vestidos con nuestros trajes profesionales azul marino y camisas blancas, nos convertimos en una presencia familiar y de confianza en la comunidad.

Aprendiendo A Través De Las Fronteras

Tras un año de dedicado servicio, ansiaba un cambio. Habían pasado trece años desde que salí de Guatemala y la añoranza de mi tierra natal me invadía. Ahora, una ciudadana estadounidense segura de sí misma de 24 años, sentí una transformación en mi interior. Con un renovado sentido de la independencia, reservé un boleto de avión, ansiosa por reencontrarme con mis raíces. En el aeropuerto, un encuentro casual con una mujer garífuna que se embarcaba en el mismo viaje desencadenó una nueva conexión. Poco sabía yo que este encuentro allanaría el camino para el siguiente capítulo del viaje de mi vida...

Capítulo 7: Regreso A Casa

En julio de 1981, regresé a Guatemala siendo una joven adulta, ansiosa por volver a conectar con mis raíces. El viaje comenzó con un viaje en autobús Greyhound a Puerto Barrios, que duró seis horas. Sentada a mi lado había una mujer garífuna que hablaba incesantemente de su hijo. Hablaba de él con tanto orgullo y devoción que imaginé que era un niño pequeño, aunque nunca le pregunté su edad. El viaje estuvo lleno de paisajes vibrantes y cada parada de descanso estaba repleta de vendedores de tortillas con huevos cocidos y sal, refrescos en pequeñas bolsas de plástico y rodajas de mango, cacahuetes y nueces de anacardo. Me abstuve de comprar nada, mordisqueando mis propios bocadillos y sorbiendo agua mineral que había comprado en Ciudad de Guatemala.

Al llegar a Puerto Barrios, nos recibió un calor intenso, típico de este puerto, donde las temperaturas alcanzaron los 43 grados. La mujer y yo compartimos un taxi hasta el muelle del puerto para embarcar en un ferry a Livingston. Mientras navegábamos, la brisa fresca era refrescante y el trayecto me evocó recuerdos de mi primer viaje en ferry con mamá y papá cuando salimos de Livingston. Cuando llegamos a Livingston, sentí una mezcla de nostalgia y emoción. El muelle estaba lleno de gente y un hombre mayor con un carrito se ofreció a llevar mi maleta. Le pedí que me llevara a casa de mi madrina en el pueblo de San José. Por el camino, me di cuenta de que mi antigua casa del Barrio Barrique había sido robada y ahora estaba habitada por otras personas. Mientras caminábamos por la avenida central, un hombre joven que trabajaba en una obra me saludó cordialmente y me preguntó cuánto tiempo me quedaría en la ciudad. Le respondí que me quedaría alrededor de una semana.

Mi maestra de primaria aún vivía en su casa amarilla de la calle de la esquina. Ahora estaba jubilada pero me recibió con su habitual sonrisa amable cuando pasé por su tienda para saludarla. Finalmente, llegamos a casa de mi madrina Saa, donde me abrazó con una sonrisa cariñosa. Su marido y su sobrina, Gisela, también estaban allí. Gisela y yo, al ser de la misma edad, planeábamos visitar esa noche una discoteca junto a la bahía. A pesar de las preocupaciones sobreprotectoras de mi madrina, fuimos y bailamos toda la noche, disfrutando de la fresca brisa marina.

Al día siguiente, organizamos un picnic en el río Queweche, a treinta y cinco minutos a pie de la ciudad por la orilla del mar. Nuestro grupo de diez personas, incluida la mujer del autobús y su hijo -el mismo joven al que había visto trabajando en la casa-, trajeron comida y bebida. Lo pasamos fantásticamente, hicimos muchas fotos y nadamos en el río. Sin embargo, una afilada concha marina me cortó el dedo del pie, haciéndome sangrar. El hijo de la mujer me enjuagó rápidamente el dedo y me puso una venda, poniendo fin a nuestro picnic antes de tiempo. A pesar de la herida, volvimos al salón de la discoteca esa noche y bailamos hasta el amanecer, olvidando por completo mi dolorido y palpitante dedo.

Dejar Guatemala fue agridulce. Aprecié mucho el tiempo que pasé con mis tías mayores, Tia WaWa y Tia Caya, y con mi madrina. Al regresar a Estados Unidos, a mi padre le disgustó que nuestra casa de Livingston no estuviera disponible para mí. Decidió que la reconstruiríamos con hormigón, asegurándose así de que sus hijos nunca se quedasen sin hogar.

Dos años más tarde, en un baile organizado por mi hermano Julian, que trabajaba como DJ, me encontré con el joven que me había tratado el dedo del pie en Livingston. Bailamos e intercambiamos números, y seis meses después, le pidió a mi padre mi mano en matrimonio. El 23 de junio de 1984 me casé con Edward Edgar Guity en la iglesia de San Martín de Tours. Mi padre me acompañó orgulloso al altar y la ceremonia fue oficiada por el padre Plow, que oró por nosotros durante una hora. Fue una ocasión alegre, a la que asistieron amigos, familiares y colegas. Bailar con mi padre fue uno de los momentos culminantes del día.

Después de nuestra luna de miel, mis padres se retiraron a Guatemala. Trágicamente, mi padre falleció por complicaciones cardíacas poco después. La noticia destrozó mi mundo. Mi hermana Chiqui y yo organizamos inmediatamente los vuelos a Ciudad de Guatemala. Al llegar a Livingston, me derrumbé de dolor al darme cuenta del profundo vínculo que tenía con mi padre.

Para hacer frente a la pérdida, me matriculé en la Escuela de Trabajo Social de la Universidad de Fordham. Dejé mi trabajo en los Servicios de Salud Familiar de las Hermanas Dominicas y empecé a trabajar en el correccional de Bedford Hills, la única prisión de máxima seguridad para mujeres del estado de Nueva York. Fordham no me permitió completar mis prácticas en las Hermanas Dominicas, pero Bedford Hills me concedió un empleo como consejera y me permitió realizar mis prácticas en su Programa de Violencia Familiar. Pasé seis años trabajando en Bedford Hills, donde desarrollé grupos de asesoramiento e impartí terapia individual a las reclusas. Muchas de las mujeres eran madres, esposas o hijas que se enfrentaban a desafíos importantes. Como consejera bilingüe, también atendí a la población hispanohablante, muchas de las cuales fueron utilizadas como mulas para el tráfico de drogas. Aprendí sobre sus diversas culturas y países de origen, que incluían Colombia, Cuba, la República Dominicana y Puerto Rico.

En 1991, me gradué en la Universidad de Fordham con un máster en Trabajo Social, dedicado a la memoria de mi padre. Al año siguiente, mi marido y yo fuimos bendecidos con un hijo, Edward Anthony Guity. Equilibramos la vida familiar con nuestras carreras e inversiones inmobiliarias, y acabamos mudándonos a una finca en el campo conocida como Oblong Farm, que tenía melocotoneros y huertos de manzanos. Aunque al principio nuestra familia se mostró poco entusiasta, me sentí como en casa rodeada de la tranquilidad de la naturaleza.

Después de graduarme, aprobé el examen para obtener la licencia y solicité un puesto de trabajadora social en el Estado de Nueva York. Mientras esperaba a que me aceptaran, continué con mi función en Bedford Hills, proporcionando asesoramiento y apoyo a las reclusas. Mi trabajo allí fue profundamente satisfactorio, ya que me permitió ayudar a las mujeres a superar sus luchas y a prepararse para su reintegración en la sociedad.

En 1995, el gobernador Pataki llegó al poder y ordenó el despido de todos los empleados no permanentes. Me encontré en paro y pasé ocho meses en casa con mi hijo pequeño. Durante este tiempo, conocí a otras madres que se quedaban en casa en el parque, y mi hijo jugaba con sus hijos. Aunque disfruté de este tiempo, me di cuenta de que echaba de menos trabajar.

Busqué empleo, enviando currículos y hojeando el New York Times. Un día, llevé a mi hijo en un cochecito y viajé al Hospital Lincoln del Bronx. El personal del hospital cuidó de mi hijo mientras yo recorría la sala de urgencias, observando a médicos y enfermeras en acción. Durante mi entrevista con el administrador de trabajo social, me ofrecieron un puesto como supervisora en el área de urgencias desde las 3 de la tarde hasta medianoche, a partir del 28 de octubre.

Sintiéndome triunfal, regresé a casa, a nuestra comunidad de estilo rural. Poco después, recibí una llamada de un supervisor de una clínica ambulatoria de alcohol y sustancias a treinta minutos de mi casa en Connecticut. Necesitaban una trabajadora social hispanohablante. Al día siguiente, dejé a mi hijo con nuestra vecina, la señora Grant, y acudí a la entrevista. Me contrataron inmediatamente. Llamé al Hospital Lincoln para agradecerles la oportunidad pero les expliqué que había aceptado un trabajo más cerca de casa.

Trabajar en el MCCA fue agradable. Teníamos reuniones semanales para discutir los casos y el tratamiento de los pacientes y, como personal, almorzábamos juntos todos los días. Algunos pacientes fueron remitidos por el tribunal y se les suspendió el permiso de conducir hasta que completaron tres meses de terapia con buenos resultados. Yo impartía terapia individual, de grupo y familiar. Al darme cuenta de que los pacientes hispanos eran enviados a Bridgeport, Connecticut, propuse ofrecer servicios a la comunidad hispana local. La dirección aceptó mi propuesta, lo que aumentó mis ingresos. Al cabo de un año, me gané un mes de vacaciones y regresé a Guatemala para visitar a mi madre.

Durante mi estancia en Livingston, recibí una llamada de mi marido informándome de que me habían destinado a trabajar en el Hospital Psiquiátrico del Bronx, en Nueva

York. Tenía que entrevistarme por teléfono con la Directora de Trabajo Social, la Sra. Rosalind Ross. La entrevista fue bien y me dieron una fecha de inicio. Pedí treinta días para terminar adecuadamente mi empleo actual y prepararme para el nuevo trabajo.

Eufórica, compartí la noticia con mi madre. Me sentía orgullosa de haber sido seleccionada entre más de mil solicitantes para un trabajo por el que había esperado cuatro años. Tras un mes en Livingston, regresé a Nueva York. Mi marido y yo celebramos mi nuevo empleo y le di las gracias por haberse comunicado con la Sra. Ross durante mis vacaciones. Trabajé una semana en el MCCA antes de anunciar mi intención de marcharme, escribiendo una carta de dimisión en la que expresaba mi gratitud por la oportunidad de servir a la comunidad de Danbury, Connecticut.

A pesar de la decepción de algunos colegas, me organizaron una fiesta de despedida. Me alegré de que mi propuesta de servir a la comunidad hispana hubiera tenido un impacto positivo, y me fui sabiendo que había marcado la diferencia.

En 1997, empecé a trabajar en el Hospital Psiquiátrico del Bronx como trabajadora social clínica bilingüe. La población era diversa: puertorriqueños, afroamericanos, irlandeses, garífunas de Honduras, asiáticos y veteranos con TEPT, trastorno bipolar, tendencias suicidas y esquizofrenia. Las edades oscilaban entre los 37 y los 74 años, y la mayoría eran varones. Proporcioné psicoterapia intensiva a individuos y grupos y en algunas ocasiones dirigí un programa de veinte empleados, asistiendo semanalmente a reuniones administrativas.

Mi último destino fue la Clínica White Plains, un anexo ambulatorio del hospital, donde finalmente me jubilé el 31 de mayo de 2018. Mis seis años de trabajo en el sistema penitenciario se contaron para mi jubilación, totalizando 26 años de empleo en el Estado de Nueva York, más nueve años con las Hermanas Dominicas, un año con MCCA y otros servicios en hogares de acogida.

Regreso A Casa

Tuve la suerte de contar con un marido comprensivo que vio mi ambición y mis habilidades. Él trabajaba como operador de grúa para una Compañía importante, lo que requería intelecto y precisión. A pesar de nuestros exigentes trabajos, permanecíamos en contacto constante y disfrutábamos juntos del tiempo libre.

Capítulo 8: Expedición Familiar - Pura Felicidad

Viajábamos dos veces al año, visitando Norfolk, Virginia, durante treinta años, disfrutando de atracciones, pescando, navegando, yendo de compras y cenando en Fisherman's Wharf. A nuestro hijo le encantaba jugar en la arena, nadar y columpiarse.

Nuestras segundas vacaciones solían ser en el extranjero. Cuando cumplí cincuenta años, hicimos nuestro primer crucero en el Carnival Miracle, visitando la Costa Maya, México, Belice, las Islas Caimán, Ocho Ríos, Jamaica, Cozumel y las Bahamas. La experiencia fue épica, llena de bailes y de encuentros con gente jubilosa. Al año siguiente, nos embarcamos en otro crucero, esta vez en el Carnival Magic. Dijimos «sayonara» a Nueva York, sintiéndonos liberados de las exigencias del trabajo y la escuela. Mi marido, nuestro hijo Edward y yo estábamos entusiasmados con esta nueva aventura. Sin embargo, nuestra salida se retrasó dos horas en el avión en el aeropuerto JFK. La ansiedad empezó a acumularse y empecé a preocuparme por la posibilidad de que este viaje no se realizara. Respiré hondo, cerré los ojos e intenté mantener la calma. No podía entender por qué había que confinar a los pasajeros en un avión durante tanto tiempo. Finalmente, la suerte estuvo de nuestro lado y partimos sin ningún problema importante. Recé mis oraciones, sabiendo que llegaríamos a Barcelona en siete horas a la mañana siguiente.

Edward estaba sentado con su padre, y yo me encontré al lado de una mujer mayor que era nativa de Barcelona. Entablamos una conversación significativa sobre la familia y la educación de los hijos. Estaba fascinada con mi hijo Edward, que llevaba una camiseta oficial del equipo de fútbol Barcelona. Compartió conmigo su merienda y mencionó que hablaba catalán, un dialecto muy diferente del español, lo que nos hizo reír alegremente a los dos. Tras pasar la noche durmiendo, aterrizamos en el aeropuerto de Barcelona a las 7:30 de la mañana. El aeropuerto era bonito y moderno, sólo tenía dos años, según nos enteramos al preguntar.

Nos detuvimos en la tienda de un vendedor lleno de recuerdos de fútbol, y Edward estaba encantado de comprar una camiseta y un balón de fútbol. Hicimos fotos y luego nos subimos a un bonito taxi amarillo con dibujos de cuadros negros que se dirigía al aparcamiento «D» del muelle Porte Asado. A medida que nos acercábamos, nos fijamos en el gigantesco barco llamado «MAGIC», que parecía majestuoso y especial. Este barco iba a ser nuestro hogar durante los próximos 12 días, y estábamos entusiasmados por ver lo que podía ofrecernos.

Después de un arduo proceso de registro y de desplazarnos por el gran barco, disfrutamos del brunch en la famosa «cubierta Lido». Más tarde, nos registramos en nuestro camarote con balcón, nos refrescamos y nos vestimos para una cena formal. El comedor tenía una magnífica vista de la puesta de sol y del océano. Nos sentaron con una familia japonesa de Nueva Orleans: marido, mujer y su hija adolescente, que tenía más o menos la edad de Edward. La velada estuvo llena de momentos de encuentro y grandes conversaciones. Me impresionó cómo Edward entabló una discusión profesional sobre ingeniería con el marido y demostró buenos modales en la mesa. La comida de cinco platos se presentó con un estilo de cinco estrellas y estaba absolutamente deliciosa.

Hacia la 1 de la madrugada, sintiéndome inquieta, decidí explorar el barco. Mientras mi marido y mi hijo dormían profundamente, me aventuré a salir y encontré el barco tranquilo, con la mayoría de los pasajeros probablemente dormidos. Al entrar en el ascensor, me encontré con una mujer que parecía tener unos cincuenta años. Nos saludamos y mencionó que iba a tomar un té. Acepté acompañarla. Se llamaba Sue y era del Reino Unido, concretamente de ascendencia galesa.

Nos dirigimos a la cubierta Lido, nos servimos el té y nos sentamos junto a una cabina. Nuestra conversación fue a la vez inspiradora y un poco misteriosa, y me dio mucho sobre lo que reflexionar. Sue compartió que viajaba sola, habiéndose aventurado a salir de su pequeño pueblo galés donde todos se conocían. Era diabética y ya no trabajaba debido a su discapacidad. Describió vívidamente cómo caminaba kilómetros en la nieve hasta su trabajo en una escuela, donde servía la comida de los niños, hasta que su médico descubrió manchas oscuras en los dedos de sus pies, lo que provocó su amputación debido a la mala circulación. Recibía cuatro inyecciones de insulina diarias y compartió cómo, en Inglaterra, una enfermedad grave significaba no tener que trabajar.

Sue relató su estresante experiencia con los retrasos en el aeropuerto, casi perdiéndose el embarque. Recordé un anuncio sobre varios pasajeros desaparecidos y le dije lo afortunada que era de haberlo conseguido, ya que el barco solía respetar su horario. Después de nuestro té, exploramos el barco, llegando a la planta 12, donde se encontraban la cancha de golf y la zona de baloncesto. Le dije que llevaría allí a mi hijo. También vimos aparatos de gimnasio en la cubierta al aire libre. Decidimos hacer un ejercicio ligero. La brisa fresca era refrescante mientras disfrutábamos de la Compañía del otro, sintiéndonos como niños en un parque infantil. Pedaleé en una bicicleta estática mientras Sue utilizaba un stepper, ambas mirando el oscuro océano, sintiendo la serena brisa.

Mientras regresábamos, Sue se bajó en el piso 11. Acordamos reunirnos de nuevo en la misma zona de té y café. Regresé a mi camarote, llena de una sensación de paz y anticipación por los días que se avecinaban. Nuestro primer día en el barco había estado lleno de acontecimientos, ya habíamos cubierto mucho terreno. Parecía el comienzo de una gran aventura. En la cena anterior sonaba una canción con la letra «que será, será» - «lo que tenga que ser, será»- que resonaba con mi estado de ánimo. Estaba encantada de estar en este viaje, dispuesta a empaparme de cada momento como una esponja.

A la mañana siguiente, mi marido y yo nos levantamos muy temprano. Nos dirigimos a la cubierta Lido para tomar un desayuno rápido y salimos corriendo con tazas de café. El barco estaba a una milla o dos de Mónaco y el silencio sugería que la mayoría de los pasajeros seguían durmiendo.

Nos dirigimos al jacuzzi situado en la parte delantera del barco, en la duodécima planta, en la sección del rincón Serenity, que contaba con toldos cerrados, camas circulares, hamacas y burbujeantes jacuzzis calientes. Me quité el cobertor y me dispuse a disfrutar del agua tibia y burbujeante.

A medida que el barco se acercaba a Mónaco, admiramos la hermosa vista del principado. Las luces parpadeantes de las colinas parecían un pueblo navideño, con modernos rascacielos adornando las laderas. El barco estaba siendo maniobrado hasta su posición, y mientras me remojaba en el jacuzzi, me enfrenté al esplendor de Mónaco. Fue una llegada dramática e impresionante, que me hizo sentir rica y acaudalada. Mi marido y yo nos apresuramos a regresar a nuestro camarote, sintiéndonos jubilosos y listos para nuestro día en Mónaco.

A las 9 de la mañana estábamos vestidos y listos para recorrer Mónaco y Montecarlo, donde reina y vive el príncipe Alberto. Teníamos previsto visitar la tumba de sus difuntos padres, el príncipe Rainiero y la princesa Grace de Mónaco, en una catedral. Subimos a un pequeño tranvía, pagando 10 euros por persona. El tiempo era encantador, con un cielo azul y una brisa fresca que nos daba la bienvenida a este emblemático y rico país. Las calles estaban impecables y la arquitectura moderna era impresionante.

Tras un paseo en tranvía cuesta arriba, optamos por caminar alrededor de un edificio con vistas a un puerto deportivo con lujosos yates sobre aguas turquesas. El camino estaba lleno de vegetación fragante, como madreselva y jazmín, y de flores vibrantes. Mientras caminábamos, nos fijamos en una estatua negra de una Virgen con un niño, que resonó en mí como mujer garífuna. Continuamos hasta un patio redondo con vistas al mar Mediterráneo, donde conocimos a un grupo de adolescentes que venían de visita desde Sicilia. Nos hicimos fotos juntos y se mostraron amigables y divertidos.

Caminamos hacia la Ciudad Vieja, donde se alzaba el sencillo pero elegante castillo. Se había congregado una audiencia para la ceremonia del cambio de guardia, que siempre he encontrado fascinante. Nos colamos entre la audiencia para tener una mejor vista mientras pasaba la banda de música. Fue un momento estimulante estar tan cerca de los guardias con sus uniformes azul pastel.

Después de la ceremonia, mi marido me llevó a una calle menos concurrida con tiendas de recuerdos. Conocimos al propietario de una tienda originario de Chile y charlamos en español. Compré camisetas y tazas con estampados de Mónaco como recuerdo. Seguimos hasta un tranvía aparcado que nos llevó a otras zonas, pasando por el elegante Casino de Montecarlo. Mi marido y mi hijo se bajaron para ver una carrera de coches mientras yo regresaba al barco, agotada. Mi marido informó más tarde de que había sacado unas fotos estupendas.

Esa noche, nos topamos con Sue, mi nueva conocida del Reino Unido, al entrar en el restaurante comedor. Pidió unirse a nuestra mesa y mi marido, siempre carismático, dispuso los asientos para ella. La música del comedor creaba un ambiente agradable y disfruté de la relajada elegancia. Tomé el plato gourmet especial del chef, cordero australiano con ensalada, patatas jóvenes y una salsa deliciosa, acompañado de una copa de Pinot Grigio.

Después de cenar, paseamos hasta el otro extremo del barco para ver un espectáculo de Broadway con iluminación dramática, humo y efectos especiales basados en actos de magia. Fue un espectáculo apropiado para el barco llamado Magic. A la mañana siguiente, llegamos al puerto de Civitavecchia, Italia, en ruta hacia Roma para visitar el Vaticano, la Basílica de San Pedro, la Fontana de Trevi y el Coliseo. Sue preguntó si podía unirse a nosotros y mi marido le dio una calurosa bienvenida, diciéndole que ahora formaba parte de nuestro grupo. Ella estaba encantada.

También nos habíamos hecho amigos de una familia de Grecia y otra de Canadá. Todos contratamos a un guía llamado Vincenzo, que llevaba una larga pértiga con una bolsa medieval escarlata en la punta para facilitar su identificación. Caminamos hasta la estación de tren de Civitavecchia y subimos a un tren a Roma, cuyos boletos costaban nueve euros. El viaje panorámico a lo largo de la costa mediterránea fue precioso, con palmeras y cipreses siempre verdes.

Al llegar a Roma, atravesamos un pasillo lleno de gente para ver el Coliseo, que estaba en obras, lo que limitaba el acceso a sólo tocar las paredes y hacer fotos. Después seguimos a nuestro guía hasta un majestuoso edificio de mármol blanco con estatuas de caballos en cada esquina. Tras un corto trayecto en autobús, caminamos hasta la abarrotada Fontana de Trevi, consiguiendo hacer buenas fotos y tomar un trozo de pizza en un pequeño restaurante.

Antes de marcharnos, mi marido y yo arrojamos monedas de un céntimo a la fuente, con la esperanza de volver a Roma. Seguimos recorriendo las calles y carriles de Roma, guiados por nuestro eficiente y entusiasta guía, Vincent, cuya pasión por su papel era contagiosa. Su energía nos inspiró para seguir avanzando, incluso cuando nuestros pies se cansaban. Los quince habíamos estrechado lazos en el barco y mi amiga Sue parecía encantada de formar parte de nuestro recorrido. Vincent nos aleccionó sobre el significado histórico de la Fontana de Trevi, explicándonos cómo, años atrás, era una fuente esencial de agua potable y un símbolo de riqueza y fertilidad, especialmente durante las épocas de sequía. La gente se reunía a su alrededor para recolectar agua para sus hogares, convirtiendo la fuente en un centro social. Sus palabras me trajeron recuerdos de mi infancia en el pueblo, donde el agua era verdaderamente la vida.

Mientras caminábamos por las calles de Roma, nos envolvió el encanto romántico de la ciudad. Paseamos por caminos empedrados y atravesamos un mercado de flores, la «Marketa Di Flori». A una manzana de allí, llegamos a la famosa Escalinata Española, quizás un centenar, con una iglesia encaramada en lo alto. Agotados, optamos por no subirlas, y en su lugar descansamos en los escalones junto a muchas otras personas, observando a la gente y empapándonos del ambiente. Nuestro hijo, Eddie, salió en busca de un cajero automático en el cercano Distrito de la Moda. La zona parecía segura, lo que permitió a Eddie aventurarse por su cuenta en busca de dinero. A su regreso, trajo gelato, que devoramos con avidez.

Nos dieron treinta minutos para explorar la Plaza de España y el Distrito de la Moda. Eddie regresó con el helado y todos disfrutamos del manjar. A continuación, Vincent nos guió hasta una estación de metro, donde subimos a un tren para dar un corto paseo. Tras cuatro paradas, desembarcamos y caminamos unas manzanas hasta el Vaticano. Gracias a la pericia de Vincent, evitamos las largas colas y entramos en el Museo Vaticano. Las empinadas escaleras supusieron un reto para una de nuestras amigas mayores, pero mi marido la ayudó amablemente mientras yo me afanaba en hacer fotos de las famosas esculturas de Miguel Ángel.

Al entrar en la Capilla Sixtina y en la Capilla del Juicio Final, las magníficas pinturas del techo nos dejaron maravillados. El tapiz original de Miguel Ángel, en particular la «Resurrección de Cristo», era hipnotizante; los ojos de Cristo parecían seguirme, creando un efecto inquietantemente realista. La Capilla Sixtina estaba abarrotada de gente y el calor era abrumador. Me sentí desfallecer y transpiré copiosamente, así que mi marido encontró un estrecho banco para que me sentara y recuperara el aliento. Observé a la audiencia, haciendo fotos a pesar de la norma de no fotografiar. Vincent continuó su charla sobre el significado del cuadro del Juicio Final. La capilla, oscura y solemne, contribuía a la atmósfera reverente.

A continuación, seguimos a Vincent por una estrecha escalinata que conducía a la Basílica de San Pedro, una ruta VIP no abierta al público en general. Dentro de la Basílica, nos encontramos con la puerta sellada «En Cónclave», utilizada por los arzobispos cada veinticinco años para votar a un nuevo Papa. Toqué la cruz que marca el lugar e hice fotos. Sue tuvo un breve contratiempo cuando su blusa sin mangas fue considerada inapropiada, pero un miembro del grupo le prestó un jersey y una bufanda. Sue bromeó sobre ser «demasiado sexy» para la Basílica, aligerando el ambiente.

Vincent nos condujo a la Iglesia de la Eucaristía, donde sólo se permitía la entrada a los peregrinos. Convencí al ujier para que me dejara entrar, alegando mi largo viaje. Dentro, monjas y personas de diversas etnias oraban solemnemente. Me arrodillé y se me saltaron las lágrimas al reflexionar sobre los años que llevaba viendo por televisión las misas de medianoche desde el Vaticano. El momento fue sobrecogedor y emotivo, me llenó de gratitud y de una sensación de logro. Todo el dolor y el cansancio se desvanecieron mientras recorría la Basílica, sintiéndome como si caminara sobre las nubes.

Tras salir de la Basílica, vimos a los guardias vaticanos con sus atuendos medievales a rayas amarillas y rojas, otro añadido a mi colección de experiencias de cambio de guardia. Era hora de regresar a Civitavecchia y embarcar en nuestro barco, el magnífico Magic. El viaje de vuelta en tren transcurrió sin incidentes y llegamos a nuestro camarote, exhaustos pero encantados con nuestras aventuras del día y los recuerdos que habíamos coleccionado. Nuestro vínculo con nuestros nuevos amigos, entre ellos Sue y Linda con su familia, se había estrechado. Nos refrescamos, nos duchamos y nos vestimos para nuestra cena sentados. Eddie nos metió prisa, deseoso de no llegar tarde.

Nos reunimos con nuestros amigos en un restaurante italiano especializado del barco llamado Southern Lights. Nos sentamos frente al mar Mediterráneo, contemplando la puesta de sol mientras el barco abandonaba Civitavecchia.

El día siguiente fue un día de mar, lo que nos ofreció la oportunidad de relajarnos y quizás disfrutar del desayuno en la cama o en nuestro balcón. Llegó el sábado y atracamos en el puerto de Nápoles o Napoli como le llaman los italianos. Durante el desayuno, Eddie expresó su deseo de explorar Nápoles y visitar Pompeya para ver las ruinas de una ciudad destruida por una erupción volcánica. Sin embargo, mi marido sugirió tomar un ferry a la isla de Capri en su lugar, una opción más pintoresca y agradable. Votamos y ganó Capri.

Al salir del barco, nos recibió un precioso paseo con suelo de mármol y tiendas de lujo. Una joyería me llamó la atención con sus collares y pendientes de coral rojo, así como un collar y pendientes persas. Había visto a una mujer que llevaba joyas similares en un concierto italiano dirigido por Andrea Bocelli y siempre había querido tener algo parecido. Hice la compra, sintiéndome triunfante y feliz. Tomamos el ferry a Capri, acompañados por Sue y nuestros nuevos amigos. La isla era impresionante, con sus icónicas formaciones rocosas, sus colinas siempre verdes y sus laderas cubiertas de limoneros y flores de colores.

Subimos en funicular a las cimas más altas, donde las tiendas vendían limones del tamaño de un melón y limoncello recién hecho. El ambiente era único e inolvidable. Mirar escaparates en Capri fue una delicia, con vendedores de especias, dulces y diversos artículos con temática de limón. Admiramos tiendas de alta gama como Fendi, Gucci y Louis Vuitton, aunque sólo compramos con los ojos. Un hotel que visitamos cobraba setecientos euros por noche, que declinamos cortésmente. Tomamos el funicular de vuelta al nivel del mar, disfrutando de la vista de las famosas formaciones rocosas y los coloridos barcos pesqueros atracados en la orilla. Nos sentamos en un restaurante de una esquina con comedor al aire libre, saboreando una pizza de marisco con calamares, pulpo, mejillones, almejas, ostras, gambas y pescado blanco. Oré para no tener una reacción alérgica, llevando Benadryl por si acaso. El limoncello complementaba perfectamente el plato de marisco.

Lucia Cayetano-Guity

Nuestro hijo, Eddie, disfrutó de su helado mientras exploraba por su cuenta. Seguimos de compras y nos detuvimos en una tienda que vendía artículos con temática de limón. La chica que estaba detrás del mostrador, Christina, era alegre y acogedora, y nos ofreció muestras de varias golosinas y bebidas. Mi marido encontró meloncello, que sabía exactamente a melón. Sintiéndonos afortunados por haber visitado Capri, nos dirigimos de nuevo al muelle. Sue me llevó a una tienda e insistió en que eligiera algo. Elegí un pañuelo, haciéndola feliz. Embarcamos en el ferry de vuelta a Nápoles, con el corazón lleno de las experiencias del día y de la belleza de Capri.

El lunes, nuestro barco, el Magic, llegó al puerto de Dubrovnik, en Croacia. Mi marido me despertó y me dijo: «Ven al balcón. Tengo algo que enseñarte». Fui testigo de un espectáculo asombroso, evocador de mi infancia. Mientras el barco se acercaba a Dubrovnik, varios delfines nadaban uno junto al otro a pocos metros del barco. Era impresionante. Grité: «¡Gracias por salir a saludarnos!». Croacia tiene los paisajes más hermosos. Es un país con miles de pequeñas islas, algunas habitadas y otras no. Croacia también es conocida por sus aguas cristalinas y prístinas del mar Adriático. Simplemente maravillosas.

Mi amiga Sue y yo acordamos visitar una isla. Mi hijo iría en bicicleta con su padre por la colina. El clima era sombrío y frío cuando nos dirigimos al muelle y montamos en un barco pirata con un aspecto muy distinguido, como si perteneciera a un museo. Hacía mucho frío; menos mal que llevábamos jerséis y bufandas de verano. Navegamos por las costas del Adriático, con sus altos acantilados de arcilla rocosa amarilla y roja y sus rocas puntiagudas. Las olas del mar golpeaban y se estrellaban contra estas formaciones rocosas, un espectáculo insólito. Resultó ser una navegación muy rocosa.

Finalmente llegamos a la isla. Era un lugar muy pintoresco, algo lúgubre debido a su atmósfera brumosa y a la vegetación alta como los eucaliptos y las gigantescas plantas de agave. Las hileras de romero y lavanda de los jardines bajos daban a toda la isla un aroma exquisito que recordaba a los tiempos hogareños del romanticismo. En la actualidad, la isla no está habitada, aunque a lo lejos se divisa un castillo de tamaño medio. Al parecer, un aristócrata construyó el castillo para su esposa. Más tarde, también fue ocupado por monjes. Lo irónico es que las pertenencias de estos monjes fueron retiradas (recortadas) para mantenerlos en silencio.

La historia también indica que la isla está encantada. Me impresionó la quietud, y todo lo que podíamos oír era el piar de los pájaros, el sonido de los pavos reales y la visión de plumas de colores. Las hembras, sin embargo, eran de color marrón claro y más pequeñas. El aroma de la miel persistía con el romero y la lavanda mientras proseguíamos con la visita. Caminamos para ver los acantilados. La vista era encantadora. Se oían las olas del mar chocar contra las formaciones rocosas. Mi deseo era simplemente sentarme junto a estos acantilados, a admirar las aguas cristalinas del mar Adriático. Pero la idea de que la isla estuviera encantada me atemorizó. Me acerqué a mi amiga Sue y nos limitamos a hacer fotos de los jardines.

Finalmente, volvimos hacia el barco pirata y regresamos a la ciudad amurallada de Dubrovnik. Sue y yo disfrutamos de los caminos empedrados y las calles laterales. Disfrutamos mirando escaparates y seleccionando recuerdos. Más tarde, encontramos un bonito restaurante junto a un callejón. Allí nos sentamos a descansar y pedimos pargo a la parrilla con ensalada y verduras al vapor, y el pan más fresco de la historia: aún estaba caliente con un aroma exquisito, que recordaba al pan casero con mantequilla. Así concluyó nuestra experiencia en Dubrovnik. Regresamos al barco nodriza, el Magic. Esa noche, mientras el Magic se alejaba, lloré. Mi marido me preguntó por qué lloraba. Le dije: «Me he enamorado de Croacia». Una mujer que estaba en el balcón de al lado también lloraba. Se trataba de la serenidad, los aromas y el hermoso mar Adriático con sus claras aguas turquesas. Ese pan recién horneado perdurará para siempre en mis recuerdos.

Aún nos quedaba más por ver mañana, cuando llegáramos a Venecia (Italia). La entrada a Venecia era un espectáculo digno de ver. Entrar en el canal fue espectacular. Todos nos apresuramos hacia la parte delantera del barco, donde se congregó la mayoría de la gente, hipnotizada por el espectáculo. El barco llegó sobre la una o las dos de la tarde, y estaríamos atracados en Venecia durante dos días, qué maravilla. Visitamos la isla de Murano, donde observamos cómo se elabora con arena el bello arte de las figurillas y los jarrones. Observamos cómo se transforma en el «forno». Hacía mucho calor allí dentro, con las brillantes llamas rojas derritiendo la arena y el artista soplando en el recipiente de palo alargado mientras lo giraba para formar cualquier creación que deseara, añadiendo gotas de color, etc.

Compramos algunos artículos pequeños debido a la naturaleza delicada de estos objetos y a su elevado coste. Seguimos paseando por los puentes, haciendo fotos de los canales, y subimos al ferry de vuelta a la gran isla para visitar la plaza de San Marcos. A medida que nos acercábamos a la Plaza de San Marcos, se podía sentir y ver el ambiente de Venecia, con las góndolas y los «bandoleros» con sus sombreros y camisetas de rayas azules y blancas. Compramos un par de estas camisetas a rayas con la inscripción «Venezia».

La plaza estaba abarrotada y bandadas de palomas entretenían a los turistas mientras les daban de comer. Mi marido fue a descansar a un parque de la esquina. Mientras estábamos sentados en el banco observando el verdor y las coloridas fucsias, experimenté un sentimiento interior de amor. Sí, experimenté un éxtasis sereno. Le pregunté a mi marido si sentía algo. Me dijo que sí.

Seguimos caminando por callejuelas estrechas en las que había diversas tiendas. Mis ojos se fijaron en un colgante azul de cristal de Murano rodeado de oro de 18 quilates. Esas joyas pasaron a formar parte de mi colección: me encantan. Regresamos a la nave nodriza para comer y refrescarnos. A las seis de la tarde ya estábamos fuera: mi marido, Sue, y yo.

Mientras caminábamos por el muelle, vimos que nuestro hijo parecía agotado. Dijo que había perdido el ferry y que había venido andando desde la plaza de San Marcos. Le pregunté cómo. Dijo que compró un mapa y cruzó muchos

120

puentes, pasando por estrechas pasarelas alrededor de los edificios. Conoció a mucha gente agradable por el camino y compró algunas camisetas y recuerdos. Le ordenamos que fuera a refrescarse y a comer. Dijo que nos acompañaría.

Mi marido, Sue, y yo tomamos un taxi acuático hasta la plaza de San Marcos. Permanecimos allí hasta las nueve de la noche y experimentamos Venecia de noche. Era muy festivo. Los restaurantes de lujo mostraban mesas al aire libre cubiertas de lino blanco. Los comerciantes vendían baratijas que lanzaban al aire, mostrando luces parpadeantes que hacían la noche muy hermosa.

Seguimos paseando entre la multitud de gente. Éramos un trío: mi marido en el centro y Sue y yo a cada lado. Llamo a esta experiencia «Venecia de noche». Esta es la razón por la que disfruto de los cruceros. Te permite visitar varios países en doce o catorce días, experimentando la presencia y momentos especiales de aventura y novedad para la mente. Conocimos a nuevos amigos, como mi amiga Sue, que viajaba sola pero se arriesgó y nos preguntó: «¿Puedo acompañarles?». Juntos, creamos experiencias memorables de delicadeza, dicha y el epítome de la riqueza y la opulencia. Termino aquí esta nota; sin embargo, el viaje no ha terminado. Regresaremos a Civitavecchia, Italia, nuestro destino final.

Debo decir, sin embargo, que nuestras experiencias de ocio continuaron después de este viaje. Hicimos un viaje transatlántico de Nueva York a Barcelona. Volvimos a Roma durante ocho días, residiendo en el Distrito de la Moda. Conseguimos llegar por fin a la iglesia de la Escalinata Española. Desde Italia, viajamos a Milán y tomamos un tren a Suiza. Nuestras vidas se enriquecieron con nuestro espíritu aventurero. En 2019, realizamos nuestro segundo viaje transatlántico durante 29 días. Este viaje nos llevó a las Bermudas, Ponta Delgada Azores, Portugal, Cádiz, España, Palma de Mallorca, Cannes, Francia, Grecia, Mykonos, Santorini, Pisa, Montenegro, de vuelta a Roma y el Vaticano, Sicilia, Taormina, París, Francia, Ciudad del Cabo, Sudáfrica, Madagascar, Seychelles, Mascate, Omán, Arabia Saudí, y Abu Dhabi y Dubai.

Cada uno de estos países nos proporcionó diferentes experiencias y presencias culturales que enriquecieron nuestras vidas, y sería demasiado largo recorrerlos en este momento. Quizás en otra ocasión lo haga. Creo que la vida es para vivirla, y si tiene la oportunidad y un espíritu aventurero, puede disfrutar de los placeres de la vida a través de estas experiencias.

Capítulo 9: Un Año De Pruebas

El año 2020 quedará grabado para siempre en nuestra memoria como la época en la que el mundo se paralizó debido a la pandemia del COVID-19. Fue un periodo marcado por la incertidumbre, el miedo y los cambios profundos. Para mi marido, Edward Guity, y para mí, fue un año que puso a prueba nuestra capacidad de adaptación y trajo consigo nuevos retos y transformaciones inesperadas.

Cuando llegó la pandemia, Edward decidió unirse a la Fundación de Investigación del Cáncer Infantil. Se comprometió a convertirse en ciclista para recaudar fondos para esta noble causa. Su razonamiento era que con la pandemia y las fronteras cerradas, mantendría su salud física y se protegería del virus mientras apoyaba a los niños que luchaban contra el cáncer. Cada mañana, pedaleaba durante cuatro horas por los senderos de montaña del valle del Hudson, a sólo veinticinco minutos de nuestra casa. La dedicación de Edward al ciclismo era inquebrantable, pero cuando me compró una bicicleta, enseguida me di cuenta de que no podía seguirle el ritmo. En su lugar, me dediqué a cultivar un huerto, una rosaleda y un jardín de hierbas aromáticas repleto de orégano, tomillo, limoncillo, manzanilla, cebollín, ajo, puerros, salvia, menta, ruda, albahaca santa, lavanda y romero. Crear mi propio pequeño paraíso me ayudó a mantener la calma interior durante toda la pandemia.

En marzo de 2020, sentí el impulso de volver a visitar lugares familiares. Edward y yo decidimos hacer un viaje al lago George, sólo para encontrarlo desolado e inquietantemente vacío. Los otrora bulliciosos hoteles, restaurantes y atracciones estaban cerrados. La vista recordaba a una escena postapocalíptica, sin automovilistas a la vista. Nuestro antojo de pato pekinés nos llevó al barrio chino de Nueva York un sábado, para encontrarlo igualmente desierto. Las calles de Manhattan, habitualmente rebosantes de vida, estaban silenciosas, con sólo uno o dos coches pasando. Las tiendas que frecuentábamos estaban cerradas y regresamos a casa, profundamente entristecidos por la cruda realidad de la pandemia.

Edward continuó con sus actividades ciclistas a diario hasta septiembre. Su dedicación a la Fundación para la Investigación del Cáncer culminó con la exhibición de su fotografía en una valla publicitaria de Times Square, manteniendo su bicicleta con un brazo levantado y llevando puesto su casco verde. Yo le hice esa foto, captando un momento de orgullo y logro. Sin embargo, en octubre, la salud de Edward dio un giro repentino. Dejó de montar en bicicleta y yo empecé a preocuparme. Le sugerí que siguiera pedaleando durante una hora, que luego lo redujera a media hora y que finalmente pasara a los paseos. Por supuesto, no siguió mis sugerencias. Edward, la persona más carismática y sociable que conocía, se vio profundamente afectado por el bloqueo de la pandemia. Al no poder reunirse con amigos y familiares, se volvió ansioso e inquieto.

Para ayudarle a sobrellevar la situación, le invité a que me ayudara en el huerto. Empezó a disfrutar viendo crecer las hortalizas desde diminutas plántulas de dos hojas hasta berenjenas y tomates completos. Esta sencilla actividad le devolvió la sonrisa. Edward también puso en marcha una emisora de radio, poniendo música a petición de la gente y dedicándome canciones a mí, su mujer, cuando nos sentábamos en la terraza a cenar al aire libre. Estos pequeños momentos de alegría le ayudaron a mitigar la ansiedad y el aislamiento que sintió durante el encierro.

El 9 de octubre de 2020, las piernas de Edward se paralizaron y fue trasladado de urgencia al hospital. Debido a las restricciones por la pandemia, no podía entrar. Me llamó a las 3 de la madrugada, aliviado al saber que no tenía COVID-19. A pesar de ello, su condición empeoró. El 14 de octubre de 2020, a las 5 de la mañana, Edward falleció debido a una parada cardiaca provocada por el síndrome de Guillain-Barré, una condición que provoca parálisis. Le administré la reanimación cardiopulmonar hasta que llegaron los paramédicos, pero ya no estaba con nosotros. El fallecimiento de Edward fue devastador. Nuestro hijo, que estaba en una misión de la Marina, consiguió volver a casa en dos días. Fue el momento más triste de nuestras vidas. A pesar de la pandemia, nuestra familia y amigos se unieron en torno a mí. Mi hermano Fred se ofreció a mudarse conmigo, pero yo opté por sobrellevar mi duelo sola.

En memoria de Edward, alquilé una gran carpa y la acomodé en nuestra propiedad de un acre y medio. Contraté un servicio de catering con chefs para ayudar, asegurándome de que mi amado fuera despedido tal y como a él le hubiera gustado. A pesar de no ser ricos, vivíamos una vida de cuento de hadas, rica en espíritu y amor. Edward Guity padre murió para que otros pudieran vivir, completando así su misión en la vida. Era el hombre garífuna más generoso y amigable que existía. Vivíamos para que los demás fueran felices, y nuestro hijo es nuestro sol y nuestra razón de vivir. Aunque Edward ya no esté físicamente presente, su amor y su alma vivirán eternamente.

Los detonantes de nuestra vida compartida estaban por todas partes. Recuerdo que una vez fui a Costco, donde me costó trabajo levantar una caja de agua mineral. Me derrumbé, recordando cómo mi hombre solía hacer todas las tareas pesadas por mí. La mera idea de estar sin él a mi lado aún me hunde el corazón. Sin embargo, aprendí a pedir ayuda y acepté el apoyo de mi comunidad. El año 2020 trajo inmensos retos y tristeza, pero también me enseñó el poder de la resiliencia y la importancia de apreciar cada momento con los seres queridos porque no sabemos cuándo se convertirán en sólo un recuerdo. Mientras continúo mi viaje sin Edward a mi lado, llevo conmigo su amor y su espíritu, sabiendo que siempre formará parte de mí.

Un Año De Pruebas

Capítulo 10: Encontrar La Luz En La Oscuridad

A medida que se acercaba mi cumpleaños, sentí un fuerte impulso de romper con la tristeza que me envolvía. No podía soportar la idea de pasarlo en casa, rodeada de recuerdos de Edward. Así que tomé una decisión audaz: viajaría a Belice durante seis semanas.

En Belice, la belleza de la naturaleza me rodeaba. Bucear entre tiburones y tortugas fue una experiencia emocionante. La vibrante vida marina me recordó que la vida continúa y que aún queda mucho por ver y explorar en este mundo. Conocí a gente nueva que compartía sus historias de pérdida y sanación, y encontré consuelo en su comprensión y apoyo.

Unirme a grupos de viudas en las redes sociales fue otro paso en mi viaje de sanación. Conectar con otras personas que estaban pasando por experiencias similares me hizo sentir menos sola. Compartíamos nuestras historias, nuestro dolor y nuestras esperanzas para el futuro. Estos grupos se convirtieron en una fuente de consuelo y fortaleza para mí. Seguir viajando se convirtió en mi forma de sobrellevar el duelo. Cada viaje me traía nuevas experiencias y me enseñaba valiosas lecciones. Aprendí a desenvolverme en nuevos lugares y sistemas por mi cuenta, confiando en mi propio juicio e intuición. Descubrí que el espíritu de Edward y la presencia de Dios estaban siempre conmigo, guiándome y manteniéndome a salvo.

Cuando regresé de mis viajes, decidí convertir mi pasión por los viajes en un negocio. Puse en marcha la Garífuna Travel Journey LLC, donde compartí mis experiencias de viaje a través de la consultoría, los blogs y la producción digital. Quería inspirar a otros a viajar y explorar el mundo, tal y como yo lo había hecho.

También empecé a trabajar en una novela que presentaría al mundo la cultura garífuna. Esta cultura, con su resistencia, superación y autosuficiencia, refleja mi propio viaje de sanación y crecimiento. A través de mi escritura, esperaba honrar el legado de Edward y compartir la belleza de mi herencia con los demás.

El año 2020 fue para mí un año de profunda pérdida e inesperado crecimiento. Me enseñó que, incluso en los momentos más oscuros, siempre hay un camino hacia la sanación y la renovación. Salí de ese año más fuerte y más decidida a vivir mi vida al máximo, honrando la memoria de Edward en cada paso del camino.

En abril de 2024, regresé a Guatemala después de 24 años desde la muerte de mi madre. El motivo de mi regreso fueron dos sueños que tuve en los que mi padre me comunicaba que fuera a Livingston a ver mi tierra. Empecé a hacer los preparativos, preparé una maleta ligera y compré los boletos. Con muchas dificultades para hacer los preparativos para llegar al aeropuerto, conseguí llegar a Ciudad de Guatemala a medianoche. Opté por quedarme en el aeropuerto hasta el amanecer. Tomé un taxi hasta la Compañía de autobuses que ofrecía un servicio moderno y con aire acondicionado. El viaje de siete horas fue insoportable a causa de un accidente en la carretera: un tractor-remolque volcó y provocó un retraso de tres horas. Con bocadillos, agua embotellada y un alojamiento cómodo, estuve bien. La vista panorámica desde la ventanilla no era muy atractiva. Todo parecía seco y cansado. Ni rastro de la vegetación verde; quizá fuera la estación seca en esta época.

Después de siete horas me alegré de que una curva me resultara familiar. Recordé una gasolinera Shell a la derecha. Me dije: «Esto es Puerto Barrios». Sin embargo, para mi sorpresa, tenía un aspecto cutre y poco atractivo, pero intenté tener compasión. Estaba aquí para tomar un barco a Labuga Livingston. En la parada del autobús, me subí a un taxi y pedí que me llevaran a los muelles del puerto. El calor, como es típico en Puerto Barrios, era insoportable, mohoso y polvoriento. Conseguí alquilar una lancha motora privada que me llevaría en 35 minutos a Livingston.

Mi marido y su abuela ayudaron a criar a Osvaldo cuando era niño. Le encontré en Facebook y le avisé de mi llegada. La navegación hasta Labuga fue muy nostálgica.

Parecía irreal estar en ruta hacia mi lugar de nacimiento, donde el río Dulce se encuentra con el mar Caribe. Mucho ha cambiado. Había hoteles y hermosas casas a la izquierda. Lo que antes eran sólo manglares y vegetación tropical ahora parecían villas italianas con vistas al mar, pero seguía siendo muy hermoso. A medida que mi paseo en barco se acercaba al famoso muelle de Labuga, la gente se agolpaba para dar la bienvenida a los visitantes y los vehículos tuk-tuk hacían cola esperando a los pasajeros. Era mi primera experiencia viendo estos vehículos en Labuga. Con el tiempo realmente ha cambiado. Atrás quedaron los días de los carros de madera tirados por un hombre mayor que intentaba ganarse unos dólares.

Vi a Osvaldo con una sonrisa de oreja a oreja saludándome. Estaba muy contento de verme por primera vez. Me organizó un paseo en tuk-tuk. Le dije que tenía mucha hambre. Me dijo que su hermana tenía un restaurante y que podía prepararme unos mariscos. Me dijo que iba a pescar por la mañana temprano, cuando aún estaba oscuro. Ordenó al chófer que me llevara a ver la casa de mi familia en Barrio Barrique. Me entristeció ver la condición ruinosa y destartalada de la casa, de dos pisos, y observé la ropa colgada a secar. Los okupas se habían apoderado de ella y ni siquiera cortaban la hierba. No podía verme viviendo allí en esas condiciones.

Volvimos al restaurante, donde me presentaron a su familia. Conocían a mi difunto marido y me acogieron como si fuera de su familia. Comí pescado con frita, una comida garífuna. El ambiente era agradable, sentados al aire libre, frente a la calle, y observando a la gente mientras disfrutábamos de la comida con un poco de vino blanco. Agradecí esta amistad porque ya no tenía a nadie allí. Todas las personas por las que pregunté se habían ido o habían fallecido. Un primo de mi pueblo, Fella, falleció hace tres semanas. Su hija seguía viva pero no en buenas condiciones, según me informaron. Las personas que me dieron la bienvenida habían sido niños pequeños a los que vi la última vez que estuve allí. Ahora eran abuelos. Me produjo una sensación extraña.

Labuga estaba superpoblada de gente de diferentes países: Honduras, Belice, El Salvador y turistas europeos que se instalaron allí. Algunos indígenas de la Alta Veracruz que buscaban asilo de la persecución también se asentaron en Labuga por seguridad. Había muchos coches, camiones de reparto y motocicletas. También había hermosas casas macizas de hormigón con diseños admirables. El pueblo gárifuna está prosperando sin esfuerzo para sustentarse.

No se puede esperar que un pueblo permanezca igual. Forma parte de la evolución. Había restaurantes de comida rápida y repostería en cada esquina, y la gente hacía lo que fuera para sobrevivir. Disfruté de mi comida y de la hospitalidad de la familia de Osvaldo. Fueron bien compensados por su servicio, por supuesto. Los garífunas, valoramos el dicho «Ou bu. Buguya Nu», que significa: 'Yo por ti y tú por mí. Somos uno'.

Ese lunes, Osvaldo me acompañó a ver a un abogado que era pariente suyo para hablar de la situación del terreno. Me dijo que un promotor inmobiliario hizo una oferta por la propiedad. Los papeles fueron falsificados y el proceso no prosperó porque había títulos originales con mi nombre que tenían más peso. También había un testamento escrito por mi madre para mí. Me las arreglé para disfrutar mientras estuve en este paraíso tropical. La hermana de Osvaldo me preparó una comida especial garífuna, hudutu. Ayudé en la preparación en la cocina, rallando coco para extraer la leche y preparando un brebaje de sopa con pescado, albahaca, cebolla y sal para darle sabor. Alguien hizo puré el plátano verde y amarillo para mojarlo en la sopa. La comida fue deliciosa. Siempre agradeceré la hospitalidad que recibí de la familia de Osvaldo. Esa noche, Osvaldo y su esposa me invitaron a «Ludy Barana», el club Sea Shore, y bailamos toda la noche.

Una vez aclarado el asunto de la tierra, opté por planear una aventura en otras partes de Guatemala. Contraté a Osvaldo como guía, y a un chófer. Nos dirigimos a Antigua Guatemala, a Hanapachel y al majestuoso Volcán de Agua, incluido el famoso Lago de Atitlán que se formó hace 2800 años cuando el Volcán de Agua entró en erupción. Se dice que los buceadores han encontrado restos de poblaciones bajo las aguas del lago. Los indígenas de la zona lo consideran sagrado y místico.

Tomamos un barco privado durante nuestra estancia junto al lago para visitar uno de los cinco pueblos, San José. El paseo en barco fue mágico. Me rocié con agua mientras la barca salpicaba y rebotaba al cruzar el lago durante 35 minutos. La vista del volcán era épica; tuve que pellizcarme para creer que era real. Mientras estuvimos en el pueblo de San José, recibimos clases de confección textil y producción de cacao y compramos café de cultivo ecológico producido por familias en sus pequeñas granjas, recogido a mano y sin procesar. Volvería de nuevo para quedarme una semana. El entorno es colorido y económico, y la gente es agradable y hospitalaria.

Como mujer garífuna apasionada por los viajes, veo la vida como un viaje lleno de plenitud y propósito. En conclusión, mi vida no ha sido un camino de rosas, pero conseguí plantar y establecer mi propio jardín de rosas que ha florecido durante más de treinta años. Se trata de disfrutar del momento y experimentar la presencia. Se trata de saber quién eres. A medida que la vida evoluciona, uno construye sus propios valores y principios basándose en lo que le funciona. Nuestros valores y principios pasados influyen en nuestro presente, y tiene que haber un equilibrio.

En medio de la tecnología, la mala gestión de los derechos sobre la tierra, el fraude y la inmoralidad en auge, la espiritualidad gatifuna reina a través de sus susurros ancestrales. El camino de mi vida me ha lanzado golpes, pero sigo siendo resistente. Me repongo convirtiendo triunfalmente los aspectos negativos de mi viaje en positivos. Dedico tiempo al ocio y disfruto del tiempo con la familia, los amigos y los vecinos.

Algunos de los aspectos más destacados de mi viaje por la vida es haber tenido a mi hijo Edward Jr. y el amor y el aprecio de mi marido, que creyó en mis aventuras viajeras y las apoyó. Tuve la suerte de haberme cruzado con seres humanos muy cariñosos y compasivos, y el placer de haber marcado la diferencia en la vida de la gente para mejorar la sociedad.

El punto culminante de mi viaje fue tocar tierra en la Madre Patria, en Ciudad del Cabo (Sudáfrica), en 2023. En segundo lugar, encontrarme cara a cara con el Volcán de Agua en Guatemala y navegar por las aguas del lago Atitlán. En tercer lugar, la guinda del pastel fue tomar el té en el

Hotel Al-Burj-Arab de Dubai. Me sentí como si hubiera muerto, hubiera ido al cielo y hubiera vuelto para compartir mi experiencia con el mundo. La comida era exquisita y el trato divino, propio de la realeza.

Para terminar mi libro sobre el viaje garífuna, Labuga Livingston es fenomenal. Me ayudó a sanar el dolor de muchas pérdidas. Siento que las personas nacen para completar una misión en la vida. Disfruté escribiendo mi perspectiva histórica y la de mi cultura garífuna, demostrando cómo evolucioné venciendo adversidades y obstáculos con compasión y amor. Espero que le resulte inspirador y fortalecedor. Gracias totales.

www.ingramcontent.com/pod-product-compliance
Lightning Source LLC
Chambersburg PA
CBHW071756120626
46550CB00002B/808